Karin Greiner, Angelika Weber

Pflanzen für den
Wintergarten

Die schönsten Grün- und Blütenpflanzen
fürs Warm- und Kalthaus

Mit Tips fürs Einrichten, Gestalten, Pflegen

Farbfotos: Jürgen Becker,
Hans Reinhard, Jürgen Stork
und andere Pflanzenfotografen
Zeichnungen: Marlene Gemke

W0231079

GU GRÄFE
UND
UNZER

VORWORT
INHALT

Tag für Tag sich in einem grünen und blühenden Wintergärten entspannen zu können – diesen Wunsch erfüllen sich immer mehr Menschen. Solche lichtdurchfluteten Glasbauten haben viel zu bieten:

Sie erweitern den Wohnraum auf sehr attraktive Weise und steigern damit die Lebensqualität.

Sie helfen gleichzeitig Energie zu sparen – wie zum Beispiel die Solarhäuser.

Und sie ermöglichen traumhafte Bepflanzungen, die sonst im Haus nicht möglich sind.

Doch oft lassen sich Hausbesitzer herrliche Wintergärten installieren und stehen dann ratlos vor der Frage: »Welche Pflanzen kann ich nehmen, welche Pflanzenkombinationen sehen dekorativ aus und worauf muß man bei der Pflege achten. Antworten darauf gibt dieser GU Pflanzen-Ratgeber.

• Er informiert über die unterschiedlichen baulichen Typen der Wintergärten und sagt, worauf technisch geachtet werden muß, damit die grüne Oase voll funktionsfähig ist.

• Er präsentiert Porträts der für Wintergärten schönsten und geeignetsten Pflanzen – sei es fürs Kalthaus, fürs temperierte Haus oder fürs Warmhaus. Im GU-Stil wird jede Pflanze im brillanten Farbfoto mit detaillierter Beschreibung von Herkunft, Pflege, Vermehrung und Pflanzenschutz vorgestellt.

• Er zeigt, wie sich mit Pflanzen, Möbeln – ja sogar Wasser reizvoll gestalten läßt.

Viel Freude mit Ihrem Wintergarten wünschen Ihnen die Autorinnen und die GU Naturbuch-Redaktion.

Citrus sinensis

Passiflora 'Jucense'

Möbel aus Naturmaterialien passen bestens in Wintergärten.

Die Autorinnen
Karin Greiner und Angelika Weber, Diplom-Biologinnen mit Schwerpunkt Botanik, Inhaberinnen des Instituts für botanisch-ökologische Beratung (IFB). Langjährige Erfahrung in allen Bereichen der Gartenkultur. Verfasserinnen mehrerer Fachbücher zum Thema Garten.

Die Fotos auf dem Umschlag:
Umschlagvorderseite: Kamelienpracht im Wintergarten. Umschlagseite 2: Zitrusfrüchte, Bougainvilleen und Wollmispel sorgen für ein südländisches Flair. Umschlagseite 3: Dauerhafter Pflanzenschmuck in den Grundbeeten wird durch Kübelpflanzen harmonisch ergänzt. Umschlagrückseite: Ein Hauch von duftendem Paradies: blühende und fruchtende Zitrone.

Wichtig: Damit Ihre Freude am Wintergarten nicht getrübt wird, lesen Sie bitte die »Wichtigen Hinweise« auf Seite 111.

Dank
Autorinnen und Verlag danken Herrn Thomas Hagen für die wertvolle Hilfe bei den Recherchen, für viele Hinweise und Ideen zur Gestaltung von Wintergärten.

3

Pflanzenparadiese unter Glas

Asplenium nidus

Die lichtdurchfluteten Glasanbauten erfüllen mit ihrer Pflanzenpracht für viele den Traum vom Garten Eden. Waren die ersten Wintergärten, die Orangerien, noch dem Adel vorbehalten, ermöglichen die heutigen Glashäuser jedem, sich rund ums Jahr mit hinreißenden exotischen Pflanzen wie Orchideen, Kamelien, Palmen und Citrus-Bäumchen zu umgeben.

Der Wintergarten – ein Traum wird wahr

Den Garten ins eigene Haus verlegen, auch an Wintertagen von sommerlichem Grün umgeben sein, sich bei Regenwetter inmitten duftender Blütenschönheiten in ein Buch vertiefen, das sind nur einige Beispiele für die reizvollen Seiten eines Wintergartens. Der praktische Vorteil des Glasanbaus besteht vor allem in der Möglichkeit, das Sonnenlicht als Energiespender für den Wohnraum zu nutzen.

Die wohltuende Atmosphäre schaffen erst die Pflanzen eines Wintergartens, sie beschatten einen warmen Sitzplatz, feuchten die Luft durch die ständige Verdunstung aus den Blättern an und sorgen so für ein angenehmes Raumklima. Neben beruhigendem Grün und farbenfrohen Blüten bieten tropische und mediterrane Früchte wie Papaya, Kiwi, Cherimoya, Wollmispel, Granatapfel und Orangen einen zusätzlichen Reiz.

Kleine Geschichte des Wintergartens

Der Wunsch, von exotischen Pflanzen umgeben zu sein, ohne strapaziöse und kostspielige Fernreisen auf sich nehmen zu müssen, ist nicht neu.

Die ersten Glashäuser wurden in botanischen Gärten gebaut: 1543 in Pisa und um 1600 im niederländischen Leiden. In ihnen wurden kostbare fremdländische Pflanzen unter ihren heimischen Lebensbedingungen kultiviert, um sie für wissenschaftliche Zwecke ganzjährig beobachten zu können. Andere Anlagen dienten zum Überwintern von frostempfindlichen Mittelmeerpflanzen, die während des Sommers im Garten aufgestellt wurden.

Orangerien folgten und wurden die eigentlichen Vorläufer der Wintergärten. Denn die höfische Welt fand schließlich Gefallen daran, auch im Winter zwischen langen Reihen exotischer Zitrus-Pflanzen zu flanieren. Die eigens dafür geschaffenen Häuser waren frostsicher und verfügten oft über bewegliche Holzdächer, die bei Bedarf geöffnet und geschlossen werden konnten. Diese Orangerien nutzte man gerne für große Bankette, bei denen die Gäste das Obst direkt von den Pflanzen pflückten.

Die großen Glasbauten des 19. Jahrhunderts. Der Wegfall der hohen Glassteuer, sorgfältige Studien über den richtigen Einfallswinkel des Lichtes, den die Glasdächer gewährleisten mußten, und die Entwicklung leistungsfähiger Stahlträger ermöglichten im 19. Jahrhundert riesige Konstruktionen. Bekanntestes Beispiel ist der Londoner Kristallpalast.

Nicht nur einzelne Räume, ganze Anlagen wurden mit Glasdächern überspannt. Wintergärten gehörten zum guten Ton, und wer es sich leisten konnte, besaß zumindest ein kleines Glashaus. Automatisierte Systeme zur Lüftung, Beheizung und Bewässerung wurden bereits per Katalog angeboten. Die Zeit der großen Palmenhäuser hatte im 19. Jahrhundert in England und den Niederlanden ihren Höhepunkt.

Der heutige Wintergarten. Steigende Kosten und die Rationierung des Brennstoffs während des Ersten Weltkriegs führten zu einem zeitweiligen Niedergang der Glashauskultur. Doch der Schritt zum modernen Wintergarten war nicht mehr weit. Heute steht vom einfachen Glasanbau bis zum kompletten Solarhaus eine breite Palette von Modellen zur Auswahl, um die Sehnsucht nach ausgiebiger Sonne und südlichem Lebensgefühl zu verwirklichen. Raffinierte Technik sorgt für eine problemlose Nutzung der Häuser über das ganze Jahr. Mehr und mehr Beispiele engagierter Architekten zeigen, daß der Wintergarten nicht nur in den Freizeitbereich gehört, sondern auch als Arbeitsplatz geeignet ist. Darüber

Ein lichtdurchfluteter Wintergarten schafft eine reizvolle Brücke zwischen Wohnhaus und Garten.

hinaus lassen sich mit der eingefangenen Sonnenenergie Heizkosten sparen. Nur allzu verständlich, daß das Wohnparadies unter Glas heute so beliebt ist, denn wo sonst gibt es eine so reizvolle Möglichkeit, das Nützliche mit dem Schönen zu verbinden.

Pflanzenwahl und Pflegeaufwand
Damit Sie an der Bepflanzung Ihres Wintergartens lange Freude haben, sollten Sie darauf achten, daß die Klimaverhältnisse unter Glas den heimischen Lebensbedingungen der ausgewählten Pflanzen möglichst nahekommen. Der Wintergarten muß also artgerechte Bedingungen bieten, wie etwa einen jahreszeitlichen Temperaturwechsel oder beständig hohe Luftfeuchtigkeit. Und nicht zuletzt wird auch der Zeitaufwand, den Sie für die Pflege des Wintergartens investieren müssen, durch die Auswahl der Pflanzen bestimmt.

Pflanzen aus aller Herren Länder
Grundsätzlich kommen für den Wintergarten Pflanzen aus mehreren Klimaregionen der Erde in Frage.

Pflanzen aus mediterranen Klimaregionen. Zu diesen Regionen gehören nicht nur das Mittelmeergebiet, sondern auch Süd- und Südwestaustralien, Kalifornien, Teile Chiles sowie Südafrika. Zu den bekanntesten und geeignetsten europäisch-mediterranen Wintergartenpflanzen zählen Oleander (*Nerium oleander*), Zistrosen (*Cistus*-Arten), Mastixstrauch (*Pistacia lentiscus*) und Erdbeerbaum (*Arbutus unedo*). Aus Australien

Wie ein kleiner Ausschnitt aus dem feucht-heißen Dschungel wirkt diese Warmhaus-Bepflanzung.

kommen Eukalyptus (*Eucalyptus*) und Silbereiche (*Grevillea robusta*), aus Südamerika stammt der Laternenbaum (*Crinodendron*). Kennzeichnend für das mediterrane Klima sind weitgehend frostfreie, milde und regenreiche Winter sowie heiße, trockene Sommer. Weit verbreitet sind in diesen Regionen durchlässige Kalkböden. Sie lassen die spärlichen sommerlichen Niederschläge rasch abfließen. Die Pflanzen dieser Gebiete sind daher in erster Linie an Trockenheit angepaßt. Vielfach handelt es sich

um sogenannte Hartlaubgewächse wie den Lorbeer (*Laurus nobilis*). Ihr Laub ist derb und meist klein, um der Trockenheit standzuhalten und übermäßige Verdunstung einzuschränken.

Da die mediterranen Winter mild sind, legen viele Pflanzen keine Ruhezeit ein und sind immergrün. Dennoch vertragen die meisten kühle Wintertemperaturen und manche sogar kurzzeitig leichten Frost. Für einen unbeheizten Wintergarten sind sie daher ein idealer Bewuchs.

Pflanzen aus heißen Trockengebieten. Auch aus Steppen und Wüsten kommen viele, sehr schöne Pflanzen für den Wintergarten. Als typische Vertreter seien hier nur Akazien (*Acacia*-Arten), Aloë (*Aloë*), Palmlilien (*Yucca*-Arten) und Agave (*Agave*) genannt. Auch sie weisen meist harte, oft stark behaarte oder glänzende, mit Wachs überzogene Blätter auf. Zusätzlich sind sie meist mit raffinierten Einrichtungen zum Wassersparen und -speichern ausgestattet. Die anschaulichsten Beispiele liefern dafür Kakteen. Nötig sind diese Anpassungen, weil Niederschläge in der Heimat dieser Pflanzen sehr unregelmäßig auftreten, in manchen Jahren sogar überhaupt kein Tropfen fällt. Gewöhnlich haben Pflanzen aus heißen Trockengebieten ähnliche Ansprüche an die Wasserversorgung wie solche aus mediterranen Gebieten. Sie können jedoch auch mit wesentlich weniger Wasser auskommen, ohne Schaden zu nehmen.

Pflanzen aus tropischen Klimazonen. Die prachtvollsten und bizarrsten Blütenschönheiten wie Kolumneen (*Columnea*-Arten), Paradiesvogelblume (*Strelitzia reginae*) und Tibouchine (*Tibouchina urvilleana*) stammen aus tropischen Gebieten. Zugleich sind dies aber auch die anspruchsvollsten Arten, denn sie benötigen einen ganzjährig gleichmäßig warmen, im Winter beheizten Wintergarten. Grund für ihre Ansprüche ist das sogenannte Tageszeitenklima der Tropen. Hier sind die Temperaturunterschiede zwischen Tag und Nacht relativ groß, während über das Jahr kaum Schwankungen auftreten. Es gibt also keine Jahreszeiten wie bei uns, die Tagestemperatur beträgt ständig etwa 25 °C bei sehr hoher Luftfeuchtigkeit. Die Blätter tropischer Pflanzen sind meist sehr dünn, da sie keiner Trockenheit Stand zu halten brauchen. Arten dieser Gebiete müssen aber trotz sehr hoher Luftfeuchte den Wasserstrom von den Wurzeln zu den Blättern aufrechterhalten, der bei allen Pflanzen durch die Verdunstung angetrieben wird. Viele tropische Arten verfügen daher über sehr große Blätter als Verdunstungsfläche. Ein eindrucksvolles Beispiel bietet dafür die Zimmerlinde (*Sparmannia africana*). Im Wintergarten müssen tropische Pflanzen regelmäßig und gut gegossen werden.

Wintergarten-Typen
Entscheidend für die Auswahl der Pflanzen, die Sie in Ihrem Wintergarten halten können, ist die Temperatur im Winter. Danach lassen sich Wintergärten grundsätzlich in 3 Haustypen einteilen:

Ⓚ Das (fast) unbeheizte Kalthaus wird im Winter gerade so warm gehalten, daß es frostfrei ist. Die Temperatur liegt dann bei 5 °C.

Ⓦ Das Warmhaus ist ganzjährig beheizt. Hier liegt die Temperatur ständig bei etwa 18 bis 24 °C.

Ⓣ Der temperierte Wintergarten, auch Lauwarmhaus genannt, ist mit Wintertemperaturen von etwa 12 bis 17 °C zwischen den beiden anderen Haustypen angesiedelt.

Hinweis: Die Symbole für die einzelnen Wintergartentypen finden Sie in den Pflegeanleitungen der Pflanzen wieder. So können Sie schnell erkennen, welche Pflanze sich für Ihren eigenen Wintergarten eignet.

Einige weitere Eigenheiten sind kennzeichnend für Pflanzen tropischer Klimazonen:

● Ein Beispiel ist die Stammblütigkeit. Die Blüten brechen direkt aus dem Stamm hervor, wie beim Johannisbrotbaum (*Ceratonia siliqua*) und beim Kakaobaum (*Theobroma cacao*).

● Die Bestäubung der Blüten wird häufig von Fledermäusen übernommen, so etwa bei Agaven und Bananen. Da diese Tiere nur in der Nacht aktiv sind, öffnen sich die Blüten solcher Pflanzen auch erst in der Dämmerung. Meist verströmen sie einen intensiven Duft, weil Fledermäuse über keine sehr feine Nase verfügen. Die Blüten sind auch nicht zart und klein wie die insektenbestäubter Pflanzen, sondern groß und kräftig gebaut, um bei der Landung der Fledermäuse keinen Schaden zu nehmen.

● Auch Vögel, insbesondere Kolibris, sind in den Tropen häufige Blütenbesucher. Arten, die auf Bestäubung durch sie angewiesen sind, wie die Kolumneen, zeigen meist intensiv rote Blüten, da Vögel die Farbe Rot am besten wahrnehmen.

Daß diese Arten bei uns kaum Früchte ansetzen, liegt auf der Hand.

Pflanzen der subtropischen Übergangszone. Nördlich und südlich des Äquators schließen sich den Tropen die Subtropen an. Das Klima dieser Region ist durch warme Temperaturen und mehr oder weniger lange Trockenzeiten gekennzeichnet. Viele Pflanzen der Subtropen haben sich durch Laubabwurf zu Beginn der Trockenzeit an diese Bedingungen angepaßt. Flammenbusch (*Calliandra*-Arten) und Zylinderputzer (*Callistemon citrinus*) sind besonders schöne und gut zu kultivierende Pflanzen subtropischer Herkunft. Je nach ihrem Herkunftsgebiet halten diese Arten Kälte nur begrenzt aus, sie stehen daher am besten in einem beheizten oder temperierten Wintergarten.

Kübel- und Zimmerpflanzen für den Wintergarten
Die meisten der bei uns kultivierten Kübel- und Zimmerpflanzen stammen aus den subtropischen Gebieten und fühlen sich in einem warm beheizten oder temperierten Wintergarten überaus wohl. Klassische Vertreter sind etwa die Ardisien (*Ardisic crenata*), Kamelien (*Camellia*-Hybriden), Fuchsien

(*Fuchsia*-Hybriden) und Pelargonien (*Pelargonium*-Hybriden), im Volksmund Geranien genannt. Natürlich finden auch die vielen Zimmerpflanzen wie Alpenveilchen (*Cyclamen persicum*), Gummibaum (*Ficus elastica*), Kranzschlinge (*Stephanotis floribunda*), Zierspargel (*Asparagus*-Arten), Fensterblatt (*Monstera deliciosa*) oder Bubiköpfchen (*Soleirolia soleirolii*) im temperierten Wintergarten ideale Bedingungen. Viele Kübelpflanzen, die man nur zum Überwintern in den Wintergarten nimmt, können hier auch ganzjährig blühen, etwa Aukube (*Aucuba japonica*), Strauchmargerite (*Chrysantemum frutescens*) oder Bambus. Achten Sie jedoch darauf, daß Sie nur Pflanzen vergesellschaften, deren Lebensbedingungen Sie in Ihrem Wintergarten auch schaffen können.

Balkonblumen fürs Glashaus

Die Palette der Möglichkeiten ist jedoch noch größer. Auch einjährige Balkonblumen wie Kapuzinerkresse (*Tropaeolum*-Hybriden), Schwarzäugige Susanne (*Thunbergia alata*) oder Portulakröschen (*Portulaca grandiflora*) können Sie als saisonale Ergänzung zur Bepflanzung des Wintergartens einsetzen. Ihrer Phantasie und Kreativität sind hier keine Grenzen gesetzt. Nur Mut – probieren Sie ruhig auch einmal eigene, ungewöhnliche Bepflanzungsideen aus.

»Klassiker«

Aus der reichen Fülle von Pflanzen, die für den Wintergarten geeignet sind, wollen wir Ihnen ein paar Arten eigens vorstellen. Sie gelten als Klassiker unter den Wintergartenpflanzen. Schon in den ersten Tagen der Glashauskultur schmückten sie die Innenräume und galten als Inbegriff exotischer Blütenpracht oder ungewöhnlicher Naturschönheit.

Zitronen und Orangen

An der Spitze der traditionsreichen Wintergartenpflanzen stehen die vielen Vertreter der Gattung Citrus, die Zitrusfrüchte. Die zur Familie der Rautengewächse (*Rutaceae*) zählenden Arten waren früher so beliebt und begehrt, daß man ihnen eigene Häuser baute, in denen sie auch in unserem, eher rauhen Klima gezogen werden konnten. Die Orangerien wurden mit prachtvollen Exemplaren von Apfelsinen- und Zitronenbäumen ausgestattet. Auch Pomeranzen, die »Goldenen Äpfel der Hesperiden«, gehörten dazu.

Auch heute noch gelten Zitronen und Orangen als besonders attraktive Ziergehölze für das Kalthaus, als Inbegriff für südländische Lebensart. Die Palette der Arten hat sich allerdings stark erweitert. Vor allem kleinfrüchtige Zierarten und -sorten wie zum Beispiel die Calamondinorange (x *Citrofortunella mitis*), Chinotto (*Citrus aurantiifolia x Fortunella spec.*) und die nahe verwandte Art Kumquat (*Fortunella margarita, Fortunella japonica*) liegen im Trend.

Einzelheiten über besonders beliebte Citrus-Arten und deren Pflege finden Sie auf den Seiten 44 bis 101.

Der Ölbaum

In früheren Zeiten, als die fürstlichen Glashäuser geräumig und weitläufig waren, fanden die bizarren, knorrigen Öl- oder Olivenbäume (*Olea europaea*) genügend Platz. Mit seinem ungewöhnlichen Wuchs, seiner silbrig schimmernden Belaubung und auch wegen seiner Früchte zählte der Ölbaum zur Standardausstattung.

Heute bieten die Wintergärten leider nicht mehr ausreichend Raum, daß sich ein Ölbaum zu voller Pracht entwickeln kann. In jungen Jahren wächst er ähnlich wie eine Weide, erst im Alter bekommt er sein knorriges Aussehen. Dann aber ist er meistens schon viel zu groß für normale Wintergärten.

Aus diesem Grund stellen wir den Ölbaum innerhalb dieses Ratgebers auch nicht vor. Wer ein großes, etwa 10 m hohes Kalthaus besitzt, kann den robusten und genügsamen Baum gerne als nicht alltägliches Schmuckstück bei der Gestaltung einsetzen.

Oleander

Die »Rosenbüsche des Südens« waren und sind heute noch die wohl beliebtesten Kübelpflanzen. Obwohl der Oleander (*Nerium oleander*) ein hochgiftiger Strauch ist, mag ihn doch keiner wegen seiner Blütenpracht missen. Ein deutliches Zeichen für seine Popularität sind die eifrigen Bemühungen der Züchter, immer neue Sorten in immer neuen Farbtönen und Blütenformen auf den Markt zu bringen.

Auf der Terrasse oder dem Balkon gilt der Oleander oft als heikle Pflanze, die nur allzu oft zum Leidwesen seiner Besitzer nicht blühen mag. Im Wintergarten dagegen treibt der locker wachsende Strauch sicher Blüten, die sich manchmal schon im Mai öffnen und ihren typischen Honigduft verströmen. Näheres zum Oleander finden Sie auf Seite 78.

Das hauseigene Schwimmbad kann ideal mit einem Wintergarten kombiniert werden.

Pflanzen sind wahre Meister, wenn es darum geht, sich besonderen Umweltbedingungen anzupassen. Raffinierte Umbildungen und Wuchsstrategien sichern ihnen auch bei unwirtlichen Verhältnissen und starker Konkurrenz das Überleben. Zugleich verraten diese Anpassungen eine ganze Menge über die Wachstumsbedingungen und Ansprüche der Pflanzen.

Bau der Blätter

Zeichnungen 1a bis 1d
Blätter sind die Sonnenkollektoren der Pflanzen. Mit Hilfe des Blattgrüns wandeln Pflanzen Licht in Energie zum Leben um. Dabei wird über kleine Poren ständig Wasser verdunstet. Diese Verdunstung zieht wie ein Motor das Wasser von den Wurzeln nach oben und beliefert auf diese Weise die gesamte Pflanze.

Große, weiche Blätter. Herrscht in der Umgebung ständig hohe Luftfeuchtigkeit wie in den niederschlagsreichen Tropen, dann brauchen die Pflanzen große Verdunstungsflächen, um den Wasserstrom von den Wurzeln zu den Blättern aufrechtzuerhalten. Die Blätter tropischer Pflanzen sind daher häufig groß und weich, wie bei Zimmerlinde (*Sparmannia*), Zierbanane (*Ensete*) und Schwertfarn (*Nephrolepis*).
Solche Pflanzen müssen Sie stets reichlich gießen und in ihrer Umgebung außerdem für eine hohe Luftfeuchte sorgen.

Kleine Blätter. In allen anderen (nichttropischen) Klimagebieten müssen die Pflanzen in Trockenperioden ihren Wasserverbrauch einschränken. Sie besitzen daher meist sehr viel kleineres Laub als tropische Pflanzen und sind so gegen zu großen Wasserverlust geschützt. Kleinlaubig sind zum Beispiel Pistazie (*Pistacia*), Zickzackstrauch (*Corokia*) oder Myrte (*Myrtus*). Sie müssen wesentlich weniger gegossen werden.

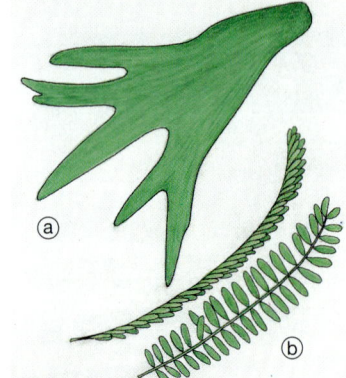

2 Spezielle Anpassungstricks.
a Geweihfarn als Taufänger.
b Klapp-Blätter gegen Hitze.

Filzige, behaarte Blätter. Bei anderen Arten sind die Blätter stark behaart oder mit einem filzigen Überzug versehen, wie bei der Wollmispel (*Eriobotrya*), den Zistrosen (*Cistus*-Arten) oder manchen Rhododendren. Dadurch entstehen wie in einem Pelz isolierte, windgeschützte Räume, in denen weniger Wasser verdunstet.

Hartlaubige, derbe Blätter. Pflanzen aus Gebieten mit längeren Trockenperioden schützen sich vor dem Verwelken, indem sie derbe und harte Blätter mit verdickter, fester Oberfläche ausbilden, die auch bei Wassermangel noch funktionsfähig bleiben. Die sogenannten Hartlaubgewächse des Mittelmeergebiets wie Lorbeer (*Laurus*), Johannisbrotbaum (*Ceratonia siliqua*) oder Oleander (*Nerium*) zeigen diese Anpassung besonders gut. Weit weniger als Tropenpflanzen nehmen sie es übel, wenn man einmal das Gießen vergißt.

1 Blätter verraten etwas über den Wasserhaushalt der Pflanze.
a Kleine Blätter lassen wenig Feuchte verdunsten (Pistazie).
b Haare und Filzbelag schützen vor Verdunstung (Wollmispel).
c Große, weiche Blätter verdunsten und brauchen viel Wasser (Zimmerlinde).
d Harte, derbe Blätter verdunsten wenig (Lorbeer).

3 Wasserspeicher – Sukkulenz.
a Fleischige Blätter (Aeonium).
b Pflanzenkörper als Speicher.

Spezielle Anpassungstricks

Zeichnungen 2a und 2b

Taufänger. Pflanzen mit speziell ausgebildeten Saughaaren oder -schuppen auf der Blattoberfläche können den Tau oder die Luftfeuchte direkt ausnützen. Sie saugen winzige Wassertropfen auf und führen sie der Pflanze zu. Bekannte Beispiele sind der Geweihfarn (*Platycerium*) und die Bromelien. Taufangende Pflanzen benötigen eine luftfeuchte Umgebung und vertragen meist keine direkte Sonne.

Sonnenschutz. Wie für den Menschen kann auch für Pflanzen zu starke Sonneneinstrahlung schädlich sein. Vor tödlicher Überhitzung schützen sie sich durch glänzende Blattoberflächen, die das Licht reflektieren. Andere Pflanzen wie der Eukalyptus (*Eucalyptus*) stellen ihre Blätter senkrecht, so daß nur die Schmalseite dem Licht ausgesetzt ist. Besonders raffiniert schützen sich der Schlafbaum (*Albizia julibrissin*) und einige Akazien (*Acacia*-Arten): Sie klappen ihre Blätter bei zu großer Hitze einfach zusammen.

Sukkulenz

Zeichnungen 3a und 3b

Pflanzen aus Gebieten mit anhaltender Trockenheit, also Steppen- und Wüstenpflanzen, haben sich aufs Sammeln und Speichern von Wasser spezialisiert, um längere Dürreperioden zu überleben. Diese sogenannten Sukkulenten verfügen dazu über fleischige, saftgefüllte (sukkulente) Teile. Dabei sind entweder die Blätter fleischig, wie bei Agave (*Agave*), Aloë (*Aloë*), Dickblatt (*Aeonium*), oder der ganze Sproß, wie bei fast allen Kakteen und manchen Wolfsmilch-Arten (*Euphorbia*). Seltener sind die Wurzeln zu Wasserspeichern umgebildet.

Sukkulenten sind besonders pflegeleicht. Meist reicht es auch bei großer Hitze, sie einmal wöchentlich zu gießen. Erst wenn das Substrat, das locker und gut wasserdurchlässig sein muß, fast völlig abgetrocknet ist, brauchen diese Pflanzen wieder Wasser. Ein ständiger Wasserüberschuß führt dagegen leicht zum Faulen der Wurzeln.

Kampf ums Licht

Zeichnungen 4a und 4b

Neben Wasser ist das Sonnenlicht für das Pflanzenwachstum unerläßlich. In einem üppigen tropischen Urwald bilden die Baumkronen ein so dichtes Dach, daß am Boden stets tiefer Schatten herrscht.

Kletterpflanzen. Sie versuchen, so schnell wie möglich ans Licht zu kommen. Kein Wunder, daß es in den Tropen viele kletternde Arten gibt, etwa die Passionsblumen (*Passiflora*-Arten) oder die Baumfreund-Arten (*Philodendron*).

Epiphyten. Diese Aufsitzerpflanzen wurzeln nicht im Boden, sondern auf Ästen oder in Astgabeln, um näher am Licht zu sein. Alle tropischen Orchideen, Bromelien und viele Farne wie der Nestfarn (*Asplenium nidus*) leben als Aufsitzer. Im Wintergarten können sie als Ampelpflanzen oder an einem Epiphytenstamm gezogen werden. Sie bevorzugen einen luftfeuchten, nicht vollsonnigen Platz und müssen meistens häufig übersprüht werden, damit sie genügend Feuchtigkeit erhalten.

Um der Lebensquelle Licht näherzukommen, benützen viele Pflanzen des tropischen Regenwalds andere als Hilfe.

4 Der Kampf ums Licht.
a Passionsblumen (Passiflora-Arten), Philodendren und Lianen ranken sich im tropischen Regenwald dem Licht entgegen.
b Epiphyten wie Orchideen, Bromelien oder Farne siedeln sich in höhergelegenen Ästen und Astgabeln an.

Gläserne Oasen

Ein Wintergarten wird nur dann zur gläsernen Oase, wenn die Technik stimmt. Viele Einzelheiten, von der Materialauswahl bis zur Beheizung, Lüftung und Schattierung, müssen schon vor dem Bau bedacht und aufeinander abgestimmt werden. Die wichtigsten Hinweise hierfür finden Sie auf den folgenden Seiten.

Dendrobium

Vorschriften und Genehmigungen

Gestalt annehmen können die Träume aus Glas nur, wenn Sie sich vorher genau über die örtlichen Bauvorschriften informieren und sich bei Ihrer Planung daran halten. Wir empfehlen dringend, von Anfang an einen Architekten hinzuzuziehen – zumindest zur Beratung. Wie bei jedem Bauvorhaben müssen Sie vorher eine Genehmigung bei der zuständigen Behörde einholen. Auch das Einverständnis Ihrer Nachbarn muß vorliegen.

Wichtig: die richtige Lage

Die günstigste Lage für einen Glasanbau und die einzig mögliche für ein geplantes Solarhaus ist die Südseite, denn hier ist die Sonneneinstrahlung am größten. Ein normaler Wintergarten kann auch an der Ost- oder Westseite des Wohnhauses errichtet werden, die Nordseite ist jedoch ungeeignet. Von der Neigung des Glasdaches hängt die Intensität der Sonneneinstrahlung ab. Je steiler das Dach geneigt ist, desto mehr Sonne dringt auch im Winter ein. Flache Glasdächer sind zwar grundsätzlich möglich, doch wegen der lichtschluckenden winterlichen Schneedecke wenig zu empfehlen.

Die Materialauswahl

Für die Tragekonstruktion werden vor allem Holz sowie Stahl und Aluminium verwendet. Was Sie bevorzugen, ist vor allem eine Frage von Stil und Geschmack. Aber auch technische Faktoren gilt es zu berücksichtigen.
Holz wirkt natürlich, atmet, ist sehr gut wärmedämmend und leicht zu bearbeiten. Es sind jedoch relativ große Profildurchmesser erforderlich, um die nötige Stabilität zu gewährleisten. Besonders wichtig ist eine gute Imprägnierung.
Aus Stahl lassen sich die optisch leichtesten und elegantesten Konstruktionen errichten.
Aluminium ist ausnehmend wetterbeständig, leitet aber auch Wärme besonders gut. Es wird daher oft in Verbindung mit Kunststoff-Flächen verwendet, um Kältebrücken und damit auch Schwitzwasser zu vermeiden.

Glas ist nicht gleich Glas

Für die Verglasung stehen vielfältige Möglichkeiten zur Wahl. Je wärmer der Wintergarten sein soll, desto besser muß die Isolierung ausfallen.
● Wegen der guten Wärmedämmung wird vorwiegend mehrscheibiges Isolier- oder Spezialglas verwendet, das aufgrund seiner Beschichtung die Wärme ins Innere des Wintergartens reflektiert.
● Auch Kunststoff wird häufig eingesetzt, meist in Form von Stegdoppelplatten. Dieses Material ist jedoch weniger durchsichtig als Glas – was aber nicht unbedingt ein Nachteil sein muß.
● Glasflächen, vor allem die des Daches, müssen unbedingt splitterbindend sein, damit bei eventuellen Beschädigungen (zum Beispiel durch starken Hagelschlag) keine Gefahr durch den Glasbruch entsteht. Empfehlenswert ist das sogenannte Verbundsicherheitsglas.

Der Wintergarten-Typ ist entscheidend

Die verschiedenen Haustypen bieten ganz unterschiedliche Gestaltungs- und Bepflanzungsmöglichkeiten. Entsprechend stellen sie jeweils besondere Anforderungen an die Konstruktion – etwa in bezug auf die Isolierung der Träger, den zu verwendenden Glastyp oder die Zusatzeinrichtungen wie Lüftung und Heizung (→ Seite 14/15).

Zum Bild rechts: ▷
Wintergärten werden gerne zur Erweiterung des Wohnraums genutzt – hier nimmt er zum Beispiel die Eßecke auf. Solche offenen Wintergärten sollten stets als temperierte Häuser geplant und umgesetzt werden, damit sie das richtige Klima zum Wohlfühlen bieten.

Abends zaubert das Licht eine besondere Atmosphäre in den Wintergarten.

Das Klima im Wintergarten wird von zahlreichen Faktoren beeinflußt: von Lufttemperatur und -feuchtigkeit, von Lüftung und Sonneneinstrahlung. Durch eine gezielte Steuerung dieser Faktoren können Sie für Pflanzen und Bewohner eine angenehme Atmosphäre schaffen.

Heizung

Der ganzjährig bewohnte Wintergarten muß über eine Heizung verfügen. Genau auf den gewünschten Wärmebedarf eingestellt, sorgt die Anlage im Kalthaus für Frostfreiheit, im temperierten Haus für eine ausgeglichene Temperatur und im Warmhaus für wohlige Wärme auch im Winter.
Folgendes ist zu beachten:

● Geheizt wird in der Regel über normale Rippenheizkörper, in Bodennähe angebracht, oder über im Fußboden installierte Heizsysteme.

● Die Heizung muß über einen eigenen – von der Heizanlage des Wohnhauses getrennten – Kreislauf und einen separaten Thermostaten verfügen.

● Wärmespeichernde Maßnahmen, wie Wärmeschutzglas oder dunkle Fußbodenbeläge aus Ziegel- oder Steinplatten verringern die Energiekosten.
Aber auch die Erde der großen Pflanzwannen sowie vorhandene Wasserflächen speichern Wärme und lassen die Temperatur selbst bei bedecktem Himmel nicht allzu schnell absinken.

Energieeinsparung im Solarhaus

Zeichnungen 1 und 2
Bei einer Solarhaus-Konstruktion wird die eingefangene Sonnenenergie so ausgenutzt, daß Heizenergie im Wohnhaus eingespart werden kann. Voraussetzung ist eine wärmespeichernde Wand zwischen Wohnhaus und Wintergarten mit dicht schließender Tür. Das Prinzip beruht auf einfachem Wärmeaustausch:
Tagsüber wird die Luft im Wintergarten durch die Sonne erwärmt. Die Wärme wird durch geeignete Materialien, vor allem von Trennwand und Bodenbelag, gespeichert. Durch die geöffnete Tür gelangt der Wärmeüberschuß in den kühleren Wohnraum und heizt ihn auf (→ Zeichnung 1).
Nachts bleibt die Türe zwischen Wohnhaus und Wintergarten geschlossen. Die Wärmespeicher geben langsam die gesammelte Wärme ab. Im kleineren Luftkreislauf des nun geschlossenen Wintergartens wird die Abkühlung deutlich verzögert (→ Zeichnung 2). Vor allem in den Übergangszeiten Frühling und Herbst können Sie so deutlich Heizkosten einsparen. Selbst beim Warmhaus, das im Winter stark geheizt werden muß, bleibt die Energiebilanz über das Jahr gerechnet günstig.

Lüftung

Unerläßlich für jeden Wintergarten ist eine genau auf die jeweilige Konstruktion ausgelegte Be- und Entlüftung. Sie dient dazu, frische Luft zuzuführen, überschüssige Wärme und Luftfeuchtigkeit aus dem Wintergarten entweichen zu lassen und so zu starkes Aufheizen sowie Korrosion am Tragegerüst zu vermeiden.
Die Lüftung dient außerdem dazu, das Innenraumklima so zu regulieren, daß es für Menschen und Pflanzen angenehm ist. Übertrieben feucht-warmes Treibhausklima ist

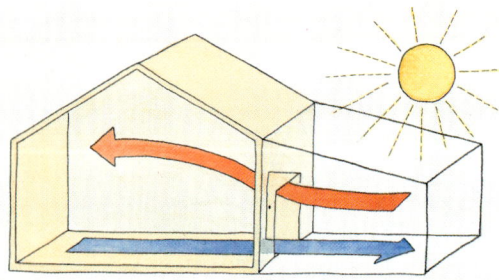

1 Luftzirkulation tagsüber.
Warme Luft (roter Pfeil) strömt durch die geöffnete Tür ins Wohnhaus, kalte Luft (blauer Pfeil) zurück.

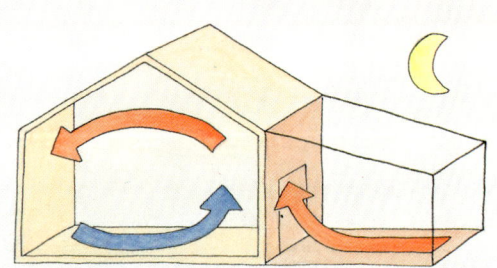

2 Luftzirkulation nachts.
Wände des Wintergartens wirken als Wärmespeicher, warme Luft bleibt im Wintergarten erhalten.

nicht nur unangenehm und belastend für den Menschen, auch viele Pflanzen vertragen es nicht, und Pilzkrankheiten können sich rasch ausbreiten.

Die Lüftung richtig planen
Zeichnung 3
Bereits bei der Planung des Wintergartens muß die erforderliche Lüftungseinrichtung berücksichtigt werden. Folgendes ist zu beachten.
<u>Ausreichend dimensionieren.</u> Die Lüftung muß optimal auf die Größe des Innenraums, die Dachneigung und die Glasfläche abgestimmt sein. Als Anhaltswert gilt: Die Fläche der Lüftungsfenster sollte 10% der gesamten Glasfläche betragen.
<u>Die Lüftungsöffnungen</u> sind im allgemeinen bewegliche Klappen oder Fenster. Meistens sind sie an den Front- oder Stirnwänden angebracht, bei Anlehnhäusern oft auch im oberen Teil der Dachfläche, bei kuppelförmigen Konstruktionen in der Kuppelspitze.
Die Entlüftungsfläche (Öffnungen für die ausströmende Luft) sollte stets größer sein als die Belüftungsfläche (Öffnungen für die einströmende Luft). Nur so kann ein wirksamer Luftaustausch erfolgen (→ Zeichnung 3). Ebenso muß eine optimale Entfernung zwischen Be- und Entlüftungsöffnungen berücksichtigt werden, damit keine Zugluft entsteht.
<u>Ein automatisches Lüftungssystem</u> ist außerordentlich praktisch und kann den Luftaustausch gezielt steuern. Auch geringfügige Veränderungen des Innenklimas können durch eine ausgeklügelte Technik rasch ausgeglichen werden, viel schneller und exakter als dies manuell möglich ist. Automatische Fensteröffner werden hierzu mit einem Thermostat und/oder einem Feuchtigkeitsmesser gekoppelt.

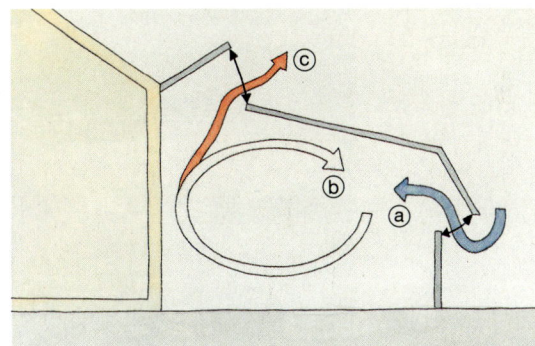

3 Lüftung im Wintergarten.
a Kühle, trockene Luft strömt ein.
b Die Luft zirkuliert im Raum und erwärmt sich.
c Warme, feuchte Luft strömt aus.

Schattierung
Selbst bei einer gut funktionierenden Lüftung ist eine Schattierungseinrichtung unerläßlich, um eine Überhitzung des Glashauses oder zu direkte Sonne zu vermeiden.
<u>Außenschattierung.</u> Sie ist am effektivsten, da sie die aufheizenden Sonnenstrahlen erst gar nicht in den Wintergarten gelangen läßt. Bedenken Sie aber, daß eine Außenschattierung recht teuer und pflegeaufwendig ist.
<u>Innenschattierung.</u> Dies ist eine weniger kostspielige Lösung, die zum Beispiel aus einer Segeltuchbespannung oder aus Jalousien bestehen kann.
Wie die Lüftung kann auch die Schattierung automatisch erfolgen.
<u>Natürliche Schattierung.</u> Besonders naturnah wirkt eine Beschattung durch große Laubbäume und Rankpflanzen, die außerhalb des Wintergartens gepflanzt den Innenraum beschatten. Wählen Sie zur natürlichen Beschattung aber nur laubabwerfende Arten, damit im Winter ausreichend Licht in das Glashaus eindringen kann. Da der Schattenwurf sich mit dem Sonnenstand ändert und immer nur Teile des Wintergartens durch die Außenbepflanzung beschattet sind, müssen Sie bei großen Wintergärten eine zusätzliche Beschattungsvorrichtung anbringen.

Pflanzen verbessern das Raumklima
Nicht zuletzt tragen auch die Pflanzen im Wintergarten ganz wesentlich zu einem angenehmen Raumklima bei. Durch ständige Verdunstung sorgen sie für eine milde, angenehme Kühlung. Die optimale Bepflanzung kann zusammen mit einer ausgeklügelten Konstruktion die Temperatur auch an heißen Tagen einige Grade unter der Außentemperatur halten.

Wasserflächen
Sind im Wintergarten Wasserbecken, Springbrunnen oder Sprudelsteine installiert, müssen Sie besonders sorgfältig auf eine gute Lüftung achten. Das Wasser verdunstet stetig, die Luftfeuchtigkeit erhöht sich. Bisweilen kann dies zu unerwünschter Kondenswasserbildung führen, die Scheiben beschlagen. Auch eine Temperaturerhöhung hilft, daß die Luft mehr Feuchtigkeit aufnehmen kann, allerdings wird das Innenklima des Wintergartens dann schnell unangenehm für den Menschen.

Harmonie unter Glas

Foto rechts

Ein Glasanbau sollte vom Sockel bis zum First samt allem Interieur als harmonische Einheit gestaltet werden. Hier wurden alle Elemente feinfühlig aufeinander abgestimmt. Die Schwere der dunklen Holzkonstruktion wird durch die feingliedrigen Metallmöbel gemildert. Trotz seiner Größe und den massiven Tonsäulen bleibt der Glastisch durch seine Transparenz dezent, er bildet den Mittelpunkt des Raumes. Ein eleganter Deckenfluter auf Metallspiralen nimmt sowohl vom Material wie auch von der Form den Stil des Mobiliars auf. Der Pflasterboden wirkt wärmespeichernd, was nicht nur den Pflanzen zugute kommt, sondern auch für Behaglichkeit am Abend sorgt.

Umspielt wird das Ganze von Pflanzen in den verschiedensten Formen. Eine Birkenfeige (rechts) und eine beeindruckende Aralie (Mitte) sind die beherrschenden Grünpflanzen. Zimmerlinde (links), Schwertfarn (links auf der weißen Säule) und einige andere Pflanzen setzen weitere Grünakzente. Farbe ins Spiel bringen ein rotblühender Zylinderputzer, ein Blauer Nachtschatten, Margeritensträucher und eine weiße Hortensie.

Pflanzen, Pflegen und Vermehren

Die Attraktivität des Wintergartens steht und fällt mit der Vitalität seiner Bepflanzung. Nur bei richtiger Pflege gedeiht und blüht es dort auch auf Dauer üppig. Schenken Sie Ihren grünen Mitbewohnern regelmäßige Aufmerksamkeit – sie werden es durch prachtvolles Wachstum und berauschende Blütenpracht danken.

Coelogyne cristata

Worauf Sie beim Einkauf achten sollten

Schon beim Kauf der Pflanzen sollten Sie einige Punkte beachten.

● Berücksichtigen Sie die arteigenen Ansprüche der Pflanzen, und erwerben Sie nur solche, die für Ihren Wintergarten-Typ geeignet sind.

● Kaufen Sie nur Pflanzen, die gesund und frei von Schädlingen sind.

● Insbesondere bei kostspieligen Exemplaren lohnt sich eine genaue Prüfung: Die Wurzeln dürfen nicht aus den Gefäßen herauswachsen, die Erde soll nicht verbacken und bröckelig sein.

● Wenn Sie unsicher sind, lassen Sie sich von einem Experten über Wuchshöhen, besondere Ansprüche und Pflegeaufwand informieren.

Pflanzmöglichkeiten im Wintergarten

Anders als im Zimmer oder auf der Terrasse kommen für die Bepflanzung von Wintergärten nicht nur Töpfe und Kübel in Frage, sondern auch sogenannte Grund- und Trogbeete.

Bei Grundbeeten werden die Pflanzen wie in einem Gartenbeet direkt in die Bodenerde gesetzt. Die Größe der Grundbeete können Sie frei wählen. Meistens werden sie rabattenähnlich entlang der Fensterfronten angelegt. Als Wuchsraum steht so die gesamte Höhe des Wintergartens zur Verfügung, so daß Sie auch Bäume problemlos ansiedeln können.

In Trogbeeten stehen die Pflanzen erhöht und rücken dadurch besonders ins Blickfeld. Gestalterisch reizvoll sind Trogbeete, die abgestuft angelegt sind, zum Beispiel in Verbindung mit Stufen und Podesten (→ Bild, Seite 39).

Vorteile von Grund- und Trogbeeten

Üppige Pflanzen. Da der Wurzelraum in Grund- oder Trogbeeten im Vergleich zu dem in Kübeln sehr großzügig ist, gedeihen die Pflanzen hier besonders üppig.

Pflege. Das Umtopfen entfällt und auch das Gießen ist einfacher, da Sie nicht jeden Topf einzeln versorgen müssen. In den Beeten trocknen die Pflanzen außerdem nicht so schnell aus wie in Gefäßen.

Dauerhafte Pflanzenarrangements. Der vielleicht größte Vorteil von Grund- und Trogbeeten liegt jedoch in der Möglichkeit, wie in der Natur unterschiedliche Pflanzen zu einem vielgestaltigen Arrangement zusammenzustellen. Eine solche Bepflanzung kann sich ungehindert entwickeln und wird von Jahr zu Jahr prachtvoller. Die Auswahl der Arten muß hierfür allerdings besonders sorgfältig getroffen werden. Folgendes ist dabei zu beachten:

● Die Pflanzen müssen gleiche Ansprüche an Klima und Pflege stellen. Diese Bedürfnisse sollten am gewählten Platz auch erfüllbar sein.

● Vor allem die vorherrschenden Wintertemperaturen schränken die Auswahl ein: Im Warmhaus dürfen selbstverständlich nur wärmeliebende Tropenpflanzen, im Kalthaus nur robuste und kälteverträgliche Arten stehen.

● Unterschiedlichen Wasserbedarf berücksichtigen: Kombinieren Sie Arten, die im Winter zur Knospenbildung trocken stehen müssen, wie den Pfauenstrauch (*Caesalpinia*) nicht mit Arten, die es ganzjährig gleichmäßig feucht lieben, wie etwa die Kolumnee (*Columnea*) – obwohl sie von ihren Temperaturansprüchen her zusammenpassen würden.

● Über die Ansprüche der verschiedenen Arten geben Ihnen die Pflanzenporträts (→ Seite 44 bis 101) detailliert Auskunft.

Vor- und Nachteile mobiler Gefäße

Töpfe und Kübel haben den Vorteil, daß sie beweglich sind, so daß die Gestaltung des Wintergartens variabel bleibt. Da Sie Substrat und Düngung für jedes Gefäß getrennt

Ein Solarhaus versorgt auch das übrige Wohnhaus mit Wärme.

bestimmen, können Sie auf die speziellen Erfordernisse der einzelnen Arten gezielt eingehen. Dies erfordert allerdings einen etwas höheren Pflegeaufwand als bei einer Beetpflanzung.

Auch mit mobilen Gefäßen lassen sich reizvolle Pflanzenarrangements gestalten, die aber etwas weniger natürlich wirken. Dafür können die Gefäße als eigene Gestaltungselemente eingesetzt und auf den Stil der Einrichtung sowie den Charakter der Pflanzen abgestimmt werden. So verleihen schöne Terra-kotta-Kübel einer mediterranen Pflanzung erst den letzten Schliff.

Gießen

Die zeitaufwendigste Pflegemaßnahme ist die Bewässerung. Doch gerade hierbei können Sie Ihre Pflanzen am besten kennenlernen. Deshalb sollten Sie diese manchmal als lästig empfundene Arbeit besonders sorgfältig durchführen. Wichtige Hinweise zum richtigen Gießen → Seite 23.

Automatische Bewässerung

Für sehr großzügige Pflanzanlagen sind automatische Bewässerungsanlagen empfehlenswert. Aber auch bei häufiger Abwesenheit gewährleisten sie eine regelmäßige Wasserversorgung. Informieren Sie sich über die verschiedenen Bewässerungssysteme, und ziehen Sie bei der Installierung sicherheitshalber einen Experten zu Rate. Wasser- und Stromanschlüsse müssen sicher angebracht sein, damit keine Fehlfunktionen auftreten.

Passionsblumen sind herrliche Ranker.

Bromeliengewächse beeindrucken mit ihrer Formenfülle.

<u>Systeme mit Tröpfchenbewässerung</u> haben sich besonders bewährt. Über dünne Schläuche, die in einem geschlossenen Kreislauf miteinander verbunden oder einfach aneinander gesteckt sind, gelangt das Wasser tropfenweise direkt an die Wurzeln. Dies hat den Vorteil, daß kaum Verdunstungsverluste auftreten. Die Schläuche werden in die Erde verlegt oder mit Mulchmaterial bedeckt und sind so nicht sichtbar.

<u>Die Funktionsweise</u> ist je nach Fabrikat etwas unterschiedlich:

● Im einfachsten Fall kommt das System ohne Strom aus. Die Regulierung erfolgt über Keramiksensoren, die neben jede Pflanze in die Erde gesteckt werden. Sie sind über einen Schlauch mit einem erhöht aufgestellten Vorratsgefäß oder mit der Wasserleitung (Druckreduzierer!) verbunden. Wird die Erde zu trocken, läßt der Sensor Wasser nachtropfen.

● Bei anderen Systemen wird nur ein Feuchtigkeitsfühler je Gefäß verwendet. Über ein Ventil steuert er die Wasserzufuhr. Die nötige Wassermenge wird nach einigen Probeläufen eingestellt, muß aber der Jahreszeit angepaßt werden.

● Die aufwendigsten Anlagen verfügen über elektronische Sensoren, die mit einem Bewässerungscomputer verbunden sind. Die Pflanzen können so ganz nach individuellem Bedarf mit Wasser versorgt werden.

Bodenpflege

Das Gedeihen einer Pflanze hängt ganz wesentlich vom Substrat ab, das ihren arteigenen Ansprüchen genügen muß. Deshalb sollten Sie gerade der Pflanzerde besondere Aufmerksamkeit widmen. Wenn Sie die Substratoberfläche bepflanzen oder mulchen, reduzieren sie den Gießaufwand und erhalten zugleich die Bodenstruktur.

Zur Bepflanzung von Beeten und großen Kübeln eignen sich Bodendecker (→ Seite 100/101), verschiedene farbenfrohe Einjährige oder Pflanzen mit langen Trieben wie die Kapuzinerkresse (*Tropaeolum*-Hybriden), die auch unschöne Gefäßwände verdecken.

Als Mulchmaterial wird wie im Garten meist Rindenhäcksel verwendet, das sich allmählich in Humus verwandelt.

Kies, heller Splitt, Sand oder ähnliche mineralische Materialien eignen sich besonders zur Abdeckung von Sukkulentenpflanzungen.

Richtig düngen

Durch das üppige Wachstum verbrauchen die Wintergarten-Pflanzen nicht nur viel Wasser, auch Nährstoffe müssen ihnen immer wieder zugeführt werden.

Womit düngen? Für die meisten Arten eignet sich ein gewöhnlicher mineralischer Volldünger, der alle Nährstoffe ausgewogen enthält. Diese flüssigen oder pulverisierten Volldünger werden einfach dem Gießwasser zugesetzt. Daneben sind Düngestäbchen, die nur einmal im Monat in die Erde gesteckt werden, besonders praktisch.

Wieviel düngen? Achten Sie beim Düngen auf das richtige Maß, denn sowohl unterversorgte als auch überdüngte Pflanzen sind anfällig für Krankheiten und Schädlinge. Die Pflanzenporträts (→ Seite 44 bis 101) enthalten hierzu wichtige Angaben, die sich stets auf eine flüssige Volldüngung beziehen. Dafür wird der Dünger entsprechend der Gebrauchsanweisung dem Gießwasser beigemischt. Schwach düngen bedeutet, daß die auf der Flasche angegebene Konzentration um etwa die Hälfte reduziert wird.

Grundbeete richtig düngen. Bei Grundbeeten kann dagegen auch reifer Kompost eingearbeitet werden. Da er in Humus umgewandelt wird, wirkt sich dies gleichzeitig günstig auf die Bodenstruktur aus. Wenn sich die Erde nach einiger Zeit abgesenkt hat, wird wieder mit Kompost oder einer Mischung aus Kompost und Garten- oder Blumenerde aufgefüllt.

Ruhezeiten beachten

Viele Pflanzen zeigen einen ausgeprägten Wachstumsrhythmus. Auf Zeiten mit kräftigem Wuchs und Blütenbildung folgen Perioden geringen Wachstums. Gewöhnlich fällt die Ruheperiode in die kalte, trockene und lichtarme Jahreszeit, den Winter. Auch im Warmhaus muß die Ruheperiode der Pflanzen berücksichtigt werden, noch stärker jedoch im Kalthaus. Arten, die eine Ruhepause brauchen, um wieder in Blüte zu kommen, sind zum Beispiel die meisten Kalthauspflanzen wie Citrus-Arten und Azaleen.

● Um die Pflanzen auf diese Ruhezeit vorzubereiten, die Düngung schon gegen Ende des Sommers einstellen und die Gießmenge nach und nach reduzieren. Nur so können die Pflanzen ihren Stoffwechsel nach und nach reduzieren und in die Ruhephase übergehen.

● Während der Ruhezeit im Winter dürfen Sie überhaupt nicht düngen und sollten auch das Gießen auf ein Mindestmaß beschränken. Als Faustregel gilt, daß der Wurzelballen gerade eben nicht austrocknen darf.

● Zum Ende der Ruhezeit im Frühjahr wird wieder mit einer reichlicheren Versorgung begonnen. Das Gießen und Düngen sollte aber nur langsam gesteigert werden, also bei jedem Pflegegang ein wenig mehr Wasser und Nährstoffe verabreichen.

Rückschnitt

Neben dem Gießen und Düngen ist der regelmäßige Rückschnitt eine wichtige Pflegemaßnahme. Er wird gewöhnlich im Herbst vorgenommen. Ein regelmäßiger Schnitt fördert die Blütenbildung, die ohne das Auslichten weit weniger üppig ausfällt. Zugleich erhält die Pflanze durch das Entfernen zu langer oder unregelmäßig beblätterter Triebe eine kompakte Form. Bei starkwüchsigen Kletterpflanzen ist der Rückschnitt jedes Jahr fällig, bei Gehölzen weniger häufig. Achten Sie darauf, dicht an der Glasfront stehende Pflanzen rechtzeitig zurückzuschneiden. Denn herabtropfendes Kondenswasser, daß sich im Winter verstärkt bildet, fordert den Pilzbefall geradezu heraus. Der Rückschnitt eines Triebes sollte immer knapp oberhalb eines nach außen weisenden Blattansatzes geführt werden. In den Blattachseln werden dann die neuen Seitentriebe gebildet, die nach außen aus der Krone wachsen und mit denen sich die Pflanze regeneriert. Schneidet man über einem nach innen in die Krone weisenden Blatt, verdichtet sich die Krone zu sehr und verkahlt mit der Zeit.

Zu groß gewordene Exemplare lassen sich manchmal durch gezielten Schnitt zum Austrieb aus weiter unten liegenden Knospen anregen. Kakteen und Palmen allerdings können nicht zurückgeschnitten werden. Wenn sie zu groß werden, bleibt nur die Suche nach einem neuen Standort.

Genaueres über die Rückschnitt erfahren Sie in den Pflanzenporträts unter dem Stichwort Pflege (→ Seite 44 bis 101).

Pflanzung

Im Wintergarten kommen neben Töpfen und Kübeln auch Trog- und Grundbeete in Frage.
Sie sollten sich daher bereits bei der Planung über die Unterbringung der Pflanzen Gedanken machen. Einige Grundregeln helfen Ihnen bei der fachgerechten Pflanzung.

Töpfe und Kübel

Zeichnung 1
● Stehen Pflanzen in Töpfen oder Kübeln, dann wird ein Umtopfen fällig, sobald die Wurzeln aus dem Abzugsloch wachsen.
● Wählen Sie das neue Gefäß so groß, daß zwischen Wurzelballen und Gefäßwand überall etwa 2 cm Platz bleiben.
● Füllen Sie in das Gefäß zunächst eine Drainageschicht aus Blähton oder ähnlichem Material.

● Anschließend die Pflanze in das neue Gefäß stellen und rund um den Ballen mit Erde auffüllen.

Trogbeete

Zeichnung 2
● Ein Trogbeet besteht aus einer fest eingebauten oder beweglichen Pflanzwanne. Sie kann aus unterschiedlichen Materialien sein (Holz, Waschbeton, Terrakotta).
● Kleine Pflanzwannen sollten über einen Ablauf verfügen, bei großen ist er nicht unbedingt erforderlich.
● Ein Trogbeet aus nicht wasserfestem Material wie Sperrholz vor der Bepflanzung mit einer Teichfolie auskleiden.
● Anschließend eine 5 bis 10 cm hohe Drainageschicht und darüber das Substrat einfüllen.

Grundbeete

Zeichnung 3
● Grundbeete entstehen durch Aussparungen im Bodenbelag.
● Für ein Grundbeet muß mindestens ein 50 cm tiefer Wurzelraum zur Verfügung stehen, entweder als

Naturboden oder in einer eingelassenen Pflanzwanne.
● Bei einer Pflanzwanne oder auf undurchlässigem Untergrund ist eine mindestens 10 cm hohe Drainageschicht aus Kies, Blähton oder ähnlichem Material erforderlich. Sie leitet überschüssiges Gießwasser ab und verhindert Staunässe.
● Auf diese Drainageschicht wird das Substrat gefüllt. Naturboden mit reichlich Kompost verbessern.

Substrate

Für die meisten Pflanzen kann gewöhnliche Einheitserde verwendet werden.
Das Substrat für Grund- und Trogbeete wird nur bei einer Neubepflanzung ausgetauscht. Es muß besonders humusreich, strukturstabil und gleichzeitig gut durchlässig sein. Solche Erde können Sie sich selbst mischen:
4 Teile lehmige Gartenerde (aus der obersten, humusreichen Schicht),
2 Teile verrotteter Kompost und
1 Teil Sand werden gründlich miteinander vermischt.

1 In Kübeln und Töpfen bleiben die Pflanzen mobil.

2 Im erhöhten Trogbeet präsentieren sich die Pflanzen in Augenhöhe.

3 Das Grundbeet bietet den größten Wurzelraum.

Pflanzen mit besonderen Ansprüchen brauchen spezielle Substrate.
- Kakteen verlangen besonders durchlässige und sandhaltige Erde.
- Orchideen brauchen ein lockeres, mit zerkleinerter Rinde oder Styromull versetztes Substrat.
- Azaleen und andere säureliebende Pflanzen benötigen eine saure Erdmischung, die mit Torf oder saurer Nadelerde angereichert ist.

Bewässerung

Im abgeschlossenen Raum des Wintergartens sind die Pflanzen auf regelmäßiges Gießen angewiesen. Dabei sollten Sie mehrere Punkte beachten.

Wasserqualität

- Regenwasser ist trotz zunehmender Luftverschmutzung für Pflanzen immer noch das Beste, außerdem spart es kostbares Trinkwasser. Sie können die Schadstoffbelastung des Regenwassers reduzieren, wenn Sie es erst einige Zeit nach Beginn eines Regenschauers in der Regentonne auffangen – schädliche Ablagerungen sind dann bereits vom Dach abgewaschen.
- Kalkhaltiges Leitungswasser wird von vielen tropischen Pflanzen nicht vertragen. Der Kalkgehalt wird durch die Wasserhärte angegeben, die Sie bei Ihrem zuständigen Wasserwerk erfragen können. Bei zu hohem Kalkgehalt (mehr als 10 bis 12 °dH) wird die Nährstoffaufnahme behindert, und die Pflanzen leiden unter Chlorose (→ Seite 29). Sehr hartes Leitungswasser müssen Sie vor der Verwendung entkalken, zum Beispiel mit speziellen Enthärtungsmitteln (im Gartenfachhandel erhältlich).

Wassertemperatur. Die Temperatur des Gießwassers sollte in etwa der Lufttemperatur entsprechen. Zu kaltes Wasser wirkt auf die Wurzeln wie ein Schock, beeinträchtigt die Nährstoffaufnahme und das Wachstum. Verwenden Sie möglichst das Wasser nicht so kalt, wie es aus der Leitung kommt, sondern lassen Sie es in der Gießkanne abstehen und sich erwärmen.

Wann gießen? Die beste Zeit zum Gießen ist morgens, damit die Pflanzen tagsüber abtrocknen können und nachts keine »kalten Füße« bekommen. Vor allem Orchideen und Bromelien reagieren darauf ausgesprochen empfindlich.

Wasserbedarf. Der Wasserbedarf der Wintergartenpflanzen ist wegen der rascheren und intensiveren Erwärmung weit höher als in einem normalen Wohnraum. Die Substratoberfläche trocknet oft sehr schnell. Allerdings müssen Sie dann noch nicht sofort wässern. Entscheidend ist, wie feucht die Erde um den Wurzelballen ist. Den richtigen Gießzeitpunkt ermitteln Sie am besten durch eine »Fingerprobe« in einigen Zentimetern Tiefe. Sobald sich das Substrat dort trocken anfühlt, muß gegossen werden. Vor allem Jungpflanzen sollten Sie häufiger kontrollieren, sie vertrocknen wesentlich schneller als ausgewachsene Exemplare mit einem großen Wurzelballen.

4 Richtig gießen.
a Falsches Gießen führt zu Versalzung an der Oberfläche.
b Richtig: In größeren Abständen durchdringend gießen.

Gießfehler vermeiden
Zeichnung 4

Falsch: Häufig, aber wenig gießen. Die meisten Pflanzen reagieren darauf mit der Bildung vieler oberflächennaher Wurzeln. Wird dann einmal das Gießen vergessen, vertrocknen sie wesentlich rascher. Vor allem Flachwurzler wie Azaleen sind danach oft nicht mehr zu retten. Hinzu kommt noch der Effekt einer Versalzung (→ Zeichnung 4a): Ein Teil des Gießwassers steigt immer an die Oberfläche und verdunstet dort. Zurück bleiben Nährstoffe und Kalk, die sich als unschöne Salzränder und Ausblühungen bemerkbar machen.

Richtig: In größeren Abständen reichlich und durchdringend gießen. So bilden sich kaum Kalkkrusten (→ Zeichnung 4b).

Wenn Pflanzen zu groß werden

Oft stellt sich im Wintergarten das Problem, daß die Pflanzen viel zu schnell die Ausmaße sprengen und nicht mehr untergebracht werden können. Oft läßt sich das Wachstum zwar einige Zeit durch Schnitt begrenzen, bei manchen Arten, vor allem Palmen, ist ein Rückschnitt jedoch nicht möglich. Hier bietet sich das Verjüngen durch Abmoosen an. Auch für Kamelie (*Camellia*), Keulenlilie (*Cordyline*), Drachenbaum (*Dracaena*), Gummibaum (*Ficus*), Hibiskus (*Hibiscus*), Fensterblatt (*Monstera*), Baumfreund (*Philodendron*), und Palmlilie (*Yucca*), ist das Abmoosen eine einfache Vermehrungsmethode.

Abmoosen

Zeichnungen 1a bis 1d
Durchgeführt wird das Abmoosen in der Wachstumszeit, also meist im Frühjahr. Verwenden Sie dafür den gut entwickelten und reich beblätterten oberen Teil einer Pflanze.

So gehen Sie vor:
● Schneiden Sie den Trieb oder Stamm unter einer Blattachsel bis fast zur Mitte des Triebs schräg nach oben ein (→ Zeichnung 1a).
● Um die Schnittstelle offen zu halten, klemmen Sie ein Hölzchen oder Steinchen hinein (→ Zeichnung 1b).
● Knapp darunter binden Sie eine schwarze Plastikfolie um den Stamm, die wie eine Tüte die Schnittstelle umhüllen soll. In diese Folientüte füllen Sie angefeuchtetes Torfmoos (Sphagnum) aus dem Fachhandel (→ Zeichnung 1c).
● Oberhalb der Schnittstelle wird die Folie wiederum verschlossen.
● In dieser feucht-warmen Atmosphäre treiben aus dem angeschnittenen Gewebe bald Wurzeln. Sobald sich ein kleiner Wurzelballen gebildet hat, entfernen Sie die Folie, schneiden die Krone unterhalb der neuen Wurzeln ab (→ Zeichnung 1d) und pflanzen den Trieb ein.

Vermehren durch Stecklinge

Zeichnungen 2a bis 2c
Die meisten Kübelpflanzen können leicht durch Stecklinge vermehrt werden. Am häufigsten nimmt man dazu Kopfstecklinge aus den jungen, noch weichen Triebspitzen.

Die günstigste Zeit für diese Vermehrungsmethode ist der Frühsommer, bei vielen Arten kann sie jedoch das ganze Jahr über durchgeführt werden.
So gehen Sie vor:
● Eine 15 bis 20 cm lange Triebspitze kurz unterhalb eines Blattpaares schräg abschneiden (→ Zeichnung 2a).
● Die untersten Blätter entfernen. Dem fertigen Steckling sollen 2 bis 4 Blattpaare bleiben.
● Den Trieb in Substrat (Vermehrungserde oder Mischung aus Topferde und Sand) stecken. Das unterste Blattpaar soll knapp oberhalb der Oberfläche sitzen (→ Zeichnung 2b).
● Nach dem Angießen das Gefäß mit einer Folie überziehen, so daß ein kleines »Gewächshaus« entsteht. Mit 3 bis 4 Holzstäbchen oder 2 Drahtbögen ein Gerüst für die Folie bilden, damit der Steckling sich frei entwickeln kann (→ Zeichnung 2c).
● Sobald sich neue Triebspitzen oder Blättchen zeigen, hat der Steckling Wurzeln geschlagen. Nach und nach belüften und die Jungpflanze langsam an die Außenluft gewöhnen.

 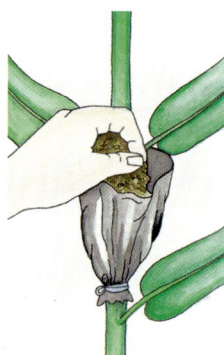 

1 Abmoosen Schritt für Schritt.

a Trieb bis zur Mitte schräg einschneiden.

b Schnittstelle durch eingeklemmtes Holz offenhalten.

c Folie zubinden und mit feuchtem Torfmoos füllen.

d Sobald Wurzeln aus dem Moos wachsen, Folie entfernen, Trieb abschneiden und einpflanzen.

2 Stecklinge Schritt für Schritt.
a Triebspitze dicht unterhalb eines Blattansatzes abschneiden.
b Untere Blätter bis auf 2 bis 4 Blattpaare entfernen. Einpflanzen.
c Überziehen mit Folie schafft »Gewächshausklima«.

Pflanzen aus Samen ziehen

Wer sich gerne mit ungewöhnlichen Arten umgibt, muß häufig auf Samen zurückgreifen. Diese Anzucht bereitet kaum Arbeit, erfordert allerdings einige Jahre Geduld, bis sich die Sämlinge zu dekorativen, reichblühenden Exemplaren entwickelt haben.

Das Frühjahr ist die beste Zeit für die Aussaat. Achten Sie auf frisches Saatgut, es keimt am sichersten. Samen, die Sie selbst geerntet haben, sollten Sie bald aussäen. Die Erde sollte möglichst nährstoffarm sein und Feuchtigkeit gut halten. Im Handel gibt es spezielle Aussaaterde. Sie können aber auch eine Mischung aus je einer Hälfte Topferde und Sand verwenden.

So gehen Sie vor:
● Große Samen sät man am besten einzeln oder zu wenigen in mit Substrat gefüllte Gefäße, kleine Samen nicht zu dicht in eine Saatschale. Das Substrat mit einer Sprühflasche gut anfeuchten und die Schale oder den Topf warm und hell aufstellen. Das Anzuchtgefäß mit einer Glasplatte oder einer Folie abdecken, damit die Erde nicht so rasch austrocknet.
● Regelmäßig kontrollieren, ob die Erde noch feucht ist. Bei Bedarf entweder vorsichtig gießen oder besprühen.
● Sobald sich die ersten Blättchen zeigen, die Abdeckung leicht anheben, damit keine Pilzkrankheiten auftreten.
● Sind die Pflanzen kräftiger geworden, die Abdeckung ganz entfernen.

3 Aussaat im Torfquelltopf.
Regelmäßig lüften.

Aussaat in Torfquelltöpfen
Zeichnung 3

Besonders praktisch für die Aussaat sind Torfquelltöpfe und ein Kleingewächshaus. Die Quelltöpfe bestehen aus einem gepreßten Substratballen, der mit einem Netz ummantelt ist.

So wirds gemacht:
● Vor der Aussaat die runden Platten in lauwarmes Wasser legen, bis sie zur endgültigen Größe aufgequollen sind.
● Die fertigen »Töpfe« nebeneinander ins Kleingewächshaus stellen.
● In jeden Quelltopf ein Samenkorn 1 cm tief eindrücken. Mit der Haube abdecken.
● Sobald sich die ersten Blätter zeigen, regelmäßig mit Hilfe eines Holzstäbchens lüften.
● Die Sämlinge können später ohne Pikieren samt dem Quelltopf umgepflanzt werden. So bleibt das empfindliche Wurzelwerk ungestört und Sie sparen sich einen Arbeitsgang.

Pikieren

In Anzuchtschalen oder Töpfen stehen die Keimlinge oft zu dicht nebeneinander und müssen pikiert (vereinzelt) werden.

Wenn sich nach den Keimblättern auch die beiden Folgeblätter zeigen, heben Sie die Pflänzchen vorsichtig aus dem Substrat. Dazu fassen Sie das Pflänzchen vorsichtig zwischen Daumen und Zeigefinger der einen Hand und stechen mit einem Hölzchen oder noch besser mit einem Pikierstab schräg neben dem Sämling in die Erde. Mit Hilfe des Hölzchens lockern Sie die Wurzeln und heben die Pflanze heraus.

Mit dem Hölzchen bohren Sie dann in Schalen oder Töpfchen, die mit Pikiererde oder schwach gedüngter Blumenerde gefüllt sind, Pflanzlöcher vor und setzen die Jungpflanzen neu ein. Nachdem sie kräftiger geworden sind, kommen sie später in Töpfe mit normaler Erde.

Von Nützlingen und Schädlingen

Aeonium

Selbst bei bester Pflege stellen sich hin und wieder unliebsame Gäste ein. Dabei scheinen manche Pflanzen Schädlinge fast magisch anzuziehen, während bei anderen so gut wie nie Probleme auftreten. Wie Sie Ihre Pflanzen schützen und einen Befall erfolgreich bekämpfen, erfahren Sie auf den nächsten Seiten.

Mit Schädlingen leben

Fassen Sie Ihren Wintergarten als einen abgeschlossenen Lebensraum auf, als eine Art »Ökosystem«. Ähnlich wie in der freien Natur ist hier ein gewisser Schädlingsbefall auch längerfristig vertretbar, da sich meist ein Gleichgewicht zwischen den Pflanzen und den Schädlingen einstellt. Pflanzen wissen sich gegen ihre Schädiger durchaus zu wehren. Ihre Abwehrkräfte sind oft erstaunlich – auch ohne die helfende Hand des Gärtners. Daher sollten Sie nicht jedes Insekt und jeden Pilzbefall sofort akribisch bekämpfen.

Vorbeugen ist besser als Spritzen

Auf Dauer sind vorbeugende Maßnahmen am wirksamsten.
<u>Quarantäne.</u> Neu erworbene Pflanzen stellen Sie am besten für eine Weile in eine wenig bepflanzte Ecke des Wintergartens. Dort können Sie die neuen Pfleglinge genau beobachten. Erst nachdem sie diese Art von »Quarantäne« gut überstan-

den haben, kommen sie an ihren endgültigen Standort. Dadurch können Sie sicherstellen, daß keine Infektionen eingeschleppt und andere Pflanzen angesteckt werden.
<u>Regelmäßige Kontrolle</u> auf Veränderungen an den Pflanzen sollten Sie sich zur Gewohnheit machen. Überprüfen Sie auch die Blattunterseiten, oft halten sich Schädlinge dort versteckt.
<u>Optimale Umweltbedingungen.</u> Grund für das Auftreten von Schadinsekten ist häufig ein unausgeglichenes Klima.
● Zu hohe Temperaturen im Sommer schwächen die Pflanzen, deshalb stets gut lüften.
● Kommt zu trockene Luft hinzu, treten die gefährlichsten Schädlinge im Wintergarten auf: Spinnmilben, Woll- und Schildläuse.
● Zu hohe Luftfeuchte kann dagegen herabtropfendes Kondenswasser zur Folge haben, wodurch vor allem im Winter die Pilzgefahr stark ansteigt.

● Ein ausgeglichenes Klima stellen Sie sicher, indem Sie bei Wärme für höhere Luftfeuchte sorgen, zum Beispiel durch Wasserbecken, bei starker Sonneneinstrahlung schattieren und bei hohen Temperaturen ausreichend lüften.
<u>Pflegefehler vermeiden.</u>
● Falsches Gießen,
● unausgewogene Düngung oder
● fehlende Schattierung
führen zu geschwächten Pflanzen, die nicht nur anfällig für Schädlinge sind, sondern auch krankhafte Veränderungen zeigen, wie Fäulnis im Wurzelbereich, Chlorose oder Sonnenbrand (→ Seite 29).

Bekämpfung von Schädlingen und Krankheiten

Treten trotz aller Vorbeugungsmaßnahmen Schädlinge oder Krankheiten auf, müssen Sie nicht sofort zu chemischen Mitteln greifen. Es gibt einige sanfte Alternativen:

<u>Physikalische Methoden</u>
● Gelbtafeln oder Gelbsticker sind mit Leim beschichtete Täfelchen, die allein durch ihre Farbe Weiße Fliegen, Thripse und geflügelte Blattläuse anlocken und unschädlich machen.
● Schmierseifenlösung hilft zum Beispiel gegen Blattläuse und Rußtau. Dazu lösen Sie 30 g Schmier- oder Kaliseife in 100 ml warmem Wasser auf und geben als Haftmittel einen Schuß Brennspiritus dazu. Mit der Lösung können Sie die Schädlinge abspritzen oder abwaschen.
Auch der Handel bietet für alle Probleme Alternativen zu den oft bedenklichen chemischen Mitteln an. Sehr wirkungsvoll sind Paraffin- oder Weißöle, die aufgesprüht werden und die Atemwege der Schädlinge verstopfen. Schildläuse, Wolläuse und Spinnmilben können so erfolgreich bekämpft werden.

Wintergarten mit Charakter: Hier sind Pflanzen, Möbel, Gefäße und Bodenbelag harmonisch zu einer Einheit gefügt.

Biologische Methoden

Gegen bestimmte Schädlinge können einige Nutzinsekten gezielt eingesetzt werden, die im Fachhandel erhältlich sind. Beim Einsatz dieser Nützlinge müssen Sie allerdings etwas Geduld aufbringen. Bis sich die Nutzinsekten so vermehrt haben, daß sie die Schädlinge im Zaum halten können, wird einige Zeit vergehen.

● Raubmilben haben sich als sehr wirksam zur Bekämpfung von Spinnmilben erwiesen. Aber beachten Sie: Raubmilben sind wechselwarme Tiere. Bei niedrigen Temperaturen läßt ihre Aktivität stärker nach als die der Spinnmilben. Der Bekämpfungserfolg sinkt dann drastisch ab. Raubmilben als natürliche Gegenspieler eignen sich daher vorwiegend für den temperierten Wintergarten oder das Warmhaus.

● Der Australische Marienkäfer vertilgt Woll- und Schmierläuse.

● Florfliegen und räuberische Gallmücken werden gegen die unliebsamen Blattläuse eingesetzt.

Chemische Bekämpfungsmethoden

Diese sollten Sie nur bei starkem, epidemieartigem Befall einsetzen. Verwenden Sie aber milde Mittel, also zum Beispiel Spritzmittel aus natürlichen Stoffen wie Pyrethrum-Präparate, die einen Extrakt aus den Blüten von *Chrysanthemum cinerariifolium* enthalten. Im Fachhandel erhalten Sie Mittel zum Gießen, Spritzen, Stäuben oder in Form von Stäbchen, die ins Substrat gesteckt werden.

So wird's gemacht:
Wenn Sie Spritzmittel anwenden, stellen Sie die zu behandelnden Pflanzen an einer Stelle zusammen, sofern sie sich nicht in fest eingebauten Pflanzwannen befinden. Beim Sprühen selbst ist es vor allem wichtig, daß die befallenen Pflanzenteile möglichst vollständig und intensiv von dem Sprühnebel

Die 5 häufigsten Schädlinge

Schildläuse
Schadbild: Kleine, braune Höcker an Stengeln und auf Blattrippen. Klebrige Blätter (durch Honigtau-Ausscheidung), Kümmerwuchs, Mißbildungen.
Ursache: Zu warme, trockene Luft.
Abhilfe: Läuse mit spiritusgetränktem Wattestäbchen betupfen, Weißöl sprühen.

Spinnmilben (Rote Spinne)
Schadbild: Gelbliche bis rötlichbraune, winzige Milben in feinem Gespinst auf Blattunterseite und zwischen Blättern. Blätter vertrocknen und fallen ab.
Ursache: Zu heißer und zu trockener Standort.
Abhilfe: Luftfeuchtigkeit erhöhen, Pflanzen öfter abbrausen. Bekämpfung durch Raubmilben oder Insektizide.

Weiße Fliegen (Mottenschildlaus)
Schadbild: Geflügelte, weiße Insekten, die bei Berührung auffliegen, und grüne Larven auf Blattunterseiten. Saugen an den Blättern und scheiden klebrigen Honigtau aus.
Ursache: Stickstoffüberdüngung, zu trockene Luft.
Abhilfe: Gelbtafeln aufhängen, Einsatz von Schlupfwespen.

Woll- oder Schmierläuse
Schadbild: Flache, weißliche Insekten, meist an schwer zugänglichen Stengelteilen oder in den Blattachseln, oft von weißen, wolligen Ausscheidungen umgeben. Klebrige Blätter, Mißbildungen und Wachstumsstörungen.
Ursache: Zu trockene Luft oder schlechte Ernährung.
Abhilfe: Mit Australischen Marienkäfern bekämpfen.

Blattläuse
Schadbild: Grüne, schwarze oder rote Läuse an Blättern und jungen Trieben, oft in größeren Kolonien. Gekräuselte oder eingerollte Blätter, klebrige Beläge.
Ursache: Zu warme, trockene Standorte, stickstoffreiche Düngung.
Abhilfe: Schmierseifenlösung. Einsatz von Florfliegen und Räuberischer Gallmücke.

benetzt werden. Eine kleine unbenetzte, aber befallene Stelle reicht dazu aus, daß sich die Schädlinge bald wieder auf die ganze Pflanze ausbreiten und sogar Nachbarn anstecken.

Wichtige Punkte beim Umgang mit Pflanzenschutzmitteln

Bedenken Sie, daß die Mittel nicht nur den Schädlingen schaden, sondern eventuell auch Ihnen selbst. Gerade im geschlossenen Raum des Wintergartens kann ein unbedachter Einsatz von Pflanzenschutzmitteln fatale Folgen für Ihre Gesundheit haben.

● Verwenden Sie keine hochgiftigen, mit T oder T+ markierten Produkte.
● Beachten Sie unbedingt die Gebrauchsanweisung und halten Sie sich peinlich genau an die Vorschriften zur Dosierung.
● Achten Sie auf die angegebenen Spritzintervalle, damit Sie auch die nachfolgende Schädlingsgeneration vernichten.
● Tragen Sie Gummihandschuhe beim Umgang mit giftigen Mitteln.
● Den Sprühnebel nicht einatmen!
● Bereiten Sie immer nur soviel Spritzmittel auf wie notwendig. Reste von Spritzbrühen und alte Präparate gehören in den Sondermüll.
● Bewahren Sie Pflanzenschutzmittel in der Originalverpackung verschlußsicher auf, außer Reichweite von Kindern und Haustieren und nicht zusammen mit Lebens- oder Futtermitteln.

Warnung: Auch pyrethrumhaltige Mittel sind für den Menschen hochgiftig, wenn sie in offene Wunden, auf kranke Haut oder in die Blutbahn gelangen. Vermeiden Sie unbedingt das Einatmen der Sprühnebel.

Die 5 häufigsten Krankheiten

Grauschimmel (Botrytis)
Schadbild: Faulige Stellen mit graubraunem Pilzrasen auf Blättern und Stengeln.
Ursache: Zu hohe Luftfeuchte, zu dichter Stand und Lichtmangel. Oft bei schlechten Überwinterungsbedingungen.
Abhilfe: Befallene Pflanzenteile sorgfältig entfernen, luftigeren Standort wählen, Pflanzen trockener halten.

Echter Mehltau
Schadbild: Weißer, mehliger abwischbarer Pilzrasen auf der Blattoberseite, bei stärkerem Befall auch auf der Unterseite und anderen Pflanzenteilen.
Ursache: Zu warmer und feuchter Standort.
Abhilfe: Befallene Blätter entfernen. Schachtelhalmextrakt sprühen.

Wurzelfäule
Schadbild: Kümmernder Wuchs, braune Wurzeln mit schwarzen Stellen.
Ursache: Nasse Erde durch zu reichliches Gießen und mangelnden Wasserabzug. Die Wurzeln können nicht atmen und faulen. Vor allem im winterlichen Kalthaus gefährlich.
Abhilfe: Pflanze austopfen, faule Wurzelteile abschneiden, Schnittstellen mit Holzkohlenpulver desinfizieren. Neu eintopfen.

Sonnenbrand
Schadbild: Braune, vertrocknete Blattzonen.
Ursache: Verbrennung aufgrund zu starker Sonneneinstrahlung.
Abhilfe: Stets auf ausreichende Schattierung und Lüftung achten, Pflanzen nicht zu dicht an die Glasfronten aufstellen und die Blätter beim Gießen nicht benetzen. Stark verbrannte Blätter entfernen.

Chlorose (Eisenmangel)
Schadbild: Blätter färben sich gelb, bleiben an den Adern grün.
Ursache: Zu hartes Wasser oder zu kalkhaltige Erde verhindern die Aufnahme von Eisen und Spurenelementen.
Abhilfe: Eisenchelat zusetzen, bis die Blätter wieder normale Färbung zeigen. Gießwasser entkalken, Pflanzen in stärker saures Substrat umtopfen.

Ideen für das grüne Wohnzimmer

Im Wintergarten werden Urlaubsträume wahr. Voraussetzung sind eine architektonisch gelungene Gestaltung und eine wirkungsvolle Bepflanzung. Die folgenden Gestaltungsbeispiele sollen Sie zu einem phantasievollen Umgang mit den Pflanzen anregen.

Hibiscus sinensis

Da der Platz in einem Wintergarten stets recht begrenzt ist, sollten Sie den Innenraum mit viel Sorgfalt ausgestalten. Architektur, Bepflanzung und Einrichtung sollten eine möglichst harmonische Einheit bilden. Schließlich werden die Pflanzen und das Mobiliar Sie lange Zeit umgeben.

Bodenbeläge
Die Qual der Wahl beginnt bereits beim Bodenbelag. Hier stehen verschiedene Materialien, Farben und Formen zur Auswahl, die die Atmosphäre in einem Wintergarten wesentlich beeinflussen.
Natürliche oder naturnahe Materialien wie Ziegel oder Holz wirken angenehm und passen außerdem hervorragend zu jedem Bepflanzungsstil.
Dunkle Bodenbeläge, zum Beispiel aus Ziegeln in braunen Erdfarben, können die Wärmestrahlung besonders gut absorbieren und tragen dadurch zur Einsparung von Heizkosten bei (→ Seite 14).
Helle Bodenbeläge, zum Beispiel weiße Keramikplatten, reflektieren

dagegen den größten Teil der eingestrahlten Energie. Bei kleineren Wintergärten, in denen wegen der schwierigen Entlüftung ein Hitzestau möglich ist, können Sie mit einem hellen Bodenbelag eine Aufheizung recht effektiv verhindern. Außerdem wirkt er optisch vergrößernd.

Sitzplätze und Möbel
Sehr wichtig ist die Gestaltung des Sitzplatzes, der ja bevorzugter Aufenthaltsort in jedem Wintergarten sein wird.
Material und Stil sind natürlich sehr variabel, sollten aber in Beziehung zur Bepflanzung stehen, um eine stilistische Einheit zu schaffen. So wird der Reiz von großen, graphisch wirkenden Fiederpalmen durch Sitzmöbel in klaren, strengen Linien verstärkt, während ein verspieltes Jugendstilmobiliar kaum dazu paßt.
Material. Die starke Sonneneinstrahlung und die höhere Luftfeuchtigkeit in einem Wintergarten strapazieren das Material stärker als in einem normalen Wohnraum.

● Stoffe und Polsterbezüge bleichen leicht aus. Hier sollten Sie auf besonders strapazierfähige und lichtechte Materialien achten.
● Gartenmöbel sind dagegen robust genug, um den Anforderungen standzuhalten.
Gestaltung. Beschatten Sie den Sitzplatz durch höhere Pflanzen oder Kletterer von oben, damit hier stets angenehme Temperaturen herrschen.
Dicht von Pflanzen umgebene Sitzplätze vermitteln ein Gefühl der Geborgenheit und geben Sichtschutz zu Nachbarn oder zur Straße.
Einen Ausblick ins Freie erhalten Sie, wenn Sie die hohen Pflanzen hinter den Sitzgelegenheiten plazieren.
Akzente setzen.
● Wasserbecken oder kleine Wasserspiele lockern jede Bepflanzung auf und sorgen für angenehme Luftfeuchtigkeit.
● Auch eine behagliche Beleuchtung sollte eingeplant werden, damit Sie Abende im Wintergarten in gemütlichem, stimmungsvollem Rahmen verbringen können.
● Mit Punktstrahlern können Sie besondere Pflanzen wirkungsvoll hervorheben.

Gestalten mit Pflanzen
Ohne Pflanzen wirkt auch der schönste Wintergarten kalt und leer. Ihre Auswahl und Anordnung ist eine Kunst, der Sie sich sicher mit Freude widmen werden. Das einmal geplante Bild muß dabei nicht statisch sein, es kann im Laufe der Zeit variiert oder auch ganz verändert werden. Allein das Wachstum der Pflanzen wird dazu beitragen.

Wohnhaus, Wintergarten und Garten sind harmonisch aufeinander abgestimmt.

Wasser als Lebenselexier verleiht auch dem Wintergarten eine abwechslungsreiche Atmosphäre.

Zwei Richtungen lassen sich bei der Wintergarten-Gestaltung beobachten:

Als Erweiterung des Wohnraums wird der Glasanbau recht zurückhaltend bepflanzt. Einige kleinere und wenige größere Einzelpflanzen, vorwiegend in Gefäßen, bilden den Rahmen, in dem aber die Möbelstücke und dekoratives Interieur die Hauptrolle spielen. Häufig werden solche Wintergärten vorwiegend zum Überwintern von Kübel- und Zimmerpflanzen genutzt, die im Sommer auf die Terrasse oder in die Wohnung gestellt werden.

Als Ausdruck der Lebensphilosophie steht das Wohnen inmitten von Pflanzen in vielen Solarhäusern im Zentrum. Solche Wintergärten zeichnen sich meist durch eine sehr üppige und großzügige Bepflanzung aus.

Pflanzen schaffen Räume

Ähnlich wie im Garten bietet die Unterteilung in verschiedene Räume ungeahnte Gestaltungsmöglichkeiten. Manche Pflanzen lassen sich als Raumteiler einsetzen.

● Hochwüchsige, großlaubige Pflanzen können als Blickfang dienen, dahinterliegende Wintergartenbereiche verdecken oder ganz abtrennen.

● Kletterpflanzen wie Passionsblume oder Kiwi haben eine ähnliche Funktion, wenn sie ein Rankgerüst begrünen.

● Bei sommergrünen Arten ist in der blattlosen Zeit die raumteilende Funktion eingeschränkt. Dies kann erwünscht sein, um im Winter mehr Licht und im Sommer eine stärkere Beschattung zu erzielen.

Überlegungen vor der Bepflanzung

Bei der Neubepflanzung eines Wintergartens sind verschiedene Faktoren zu beachten:

Raschwüchsige Arten

Sie sind relativ preiswert erhältlich. Mit ihnen ergibt sich schnell ein üppig grünendes Bild. Allerdings sind sie weitaus pflegeaufwendiger als langsamwachsende Pflanzen. Sie müssen häufiger gegossen, gedüngt und ausgeputzt werden. Wegen ihrer weicheren Triebe sind sie bevorzugte Opfer von Schädlingen. Zu den raschwüchsigen Arten zählen:

Baumfreund,	
Philodendron	→ Seite 81
Engelstrompete,	
Datura	→ Seite 65
Eukalyptus, *Eucalyptus*	→ Seite 68
Feige, *Ficus*	→ Seite 70
Hammerstrauch,	
Cestrum	→ Seite 58
Kassie, *Cassia*	→ Seite 57
Oleander, *Nerium*	→ Seite 79
Palisanderbaum,	
Jacaranda	→ Seite 74
Papaya, *Carica*	→ Seite 56
Zierbanane, *Ensete*	→ Seite 67
Zimmerlinde,	
Sparmannia	→ Seite 86

Langsamwachsende Pflanzen

Sie machen weniger Arbeit, sind aber meist teurer in der Anschaffung. Außerdem dauert es etwas länger, bis der Wintergarten zum Pflanzenparadies wird. Langsamwachsende Arten sind:

Eisenholzbaum,	
Metrosideros	→ Seite 77
Gardenia, *Gardenie*	→ Seite 72
Granatapfel, *Punica*	→ Seite 83
Myrte, *Myrtus*	→ Seite 78
Palmfarn,	
Cycas revoluta	→ Seite 64
Zwergpalme,	
Chamaerops humilis	→ Seite 90

<u>Unser Tip:</u> Holen Sie sich am Anfang einige schnell- und einige langsamwachsende Arten ins Glashaus. So können Sie die Vorteile einer schnellwüchsigen und die einer dauerhafteren Bepflanzung am besten ausnutzen.

<u>Die Artenauswahl</u> richtet sich nach dem jeweiligen Wintergarten-Typ. Hierbei sind vor allem die winterlichen Temperaturverhältnisse entscheidend (→ Seite 34). Die Ansprüche der Pflanzen an Licht, Wärme und Luftfeuchte müssen stets beachtet werden. Nur dann können die Arten auch langfristig gut gedeihen. Genaue Auskunft darüber finden Sie in den Pflanzenporträts (→ Seite 46 bis 101).

<u>Die Plazierung der Pflanzen</u> innerhalb des Wintergartens spielt ebenfalls eine große Rolle. Die Plätze an den Glaswänden sind immer größeren Temperaturschwankungen ausgesetzt als diejenigen, die an den Wohnraum grenzen. Empfindliche Pflanzen daher nicht zu nahe an die Außenseiten stellen.

Bepflanzungsplan

Am besten stellen Sie einen Bepflanzungsplan für Ihren Wintergarten auf. So gehen Sie dabei vor:

<u>Leitpflanzen festlegen.</u> Große Gehölze oder sehr dominante, raschwüchsige Arten bilden das Grundgerüst, die Leitpflanzen, auf die Sie andere Arten abstimmen. Erst diese Großgehölze lassen den Eindruck vom Leben im Grünen richtig aufkommen. Doch nicht unbedingt müssen die höchsten Arten auch die Leitpflanzen sein.

● Feinblättrige Arten wie der Palisanderbaum (*Jacaranda mimosifolia*) dominieren nur durch ihre Höhe.

● Arten mit sehr kräftigen, deutlich konturierten oder auch sehr großen Blättern wie Palmen oder Palmlilien bleiben zwar kleiner, wirken aber durch ihr üppiges Blattwerk sehr auffällig.

● Immergrüne Arten schaffen ganzjährig gleichbleibende Lichtverhältnisse.

● Bei laubwerfenden Arten wird der Glasanbau im Winter lichtdurchlässiger.

<u>Unser Tip:</u> Setzen Sie nicht zu viele Leitpflanzen ein, sonst wird die Bepflanzung unübersichtlich. Ist der Wintergarten weniger geräumig, können auch 1 bis 2 Leitpflanzen ausreichen. Unterschätzen Sie außerdem das Wachstum mancher Arten nicht, vor allem wenn sie im Grund- oder Trogbeet ausgepflanzt sind.

<u>Begleitpflanzen auswählen.</u> Als nächstes werden die mittelhohen Pflanzen festgelegt, die das Grundgerüst mit Leben und Struktur füllen. Eine zusätzliche Palette von Möglichkeiten ergibt sich, wenn Sie auch Freilandstauden und Zimmerpflanzen einbeziehen (→ Seite 7).

<u>Lücken füllen.</u> Erst zum Schluß werden die verbleibenden Lücken mit niedrigwachsenden Arten geschlossen. Dafür können Sie Bodendecker, Ampelpflanzen und nach Wunsch auch einjährige Sommerblumen verwenden (→ Seite 8).

Lebensräume gestalten

Besonders reizvoll ist es, im Wintergarten ganze Lebensräume nachzugestalten. Dabei können Sie entweder den gesamten Wintergarten oder auch nur Teile davon einbeziehen. Wenn Sie dabei Pflanzen unterschiedlicher Wuchsart und Größe geschickt kombinieren, ergibt sich ein stockwerkartiger Aufbau, ähnlich wie in der freien Natur.

Auf den folgenden Seiten finden Sie verschiedene Gestaltungsbeispiele für Kalthaus, temperiertes Haus und Warmhaus. Sie sind als erste Anregung und Hilfe zu verstehen. Die Pflanzenlisten zeigen eine Auswahl geeigneter und leicht erhältlicher Arten, die Sie nach Belieben ergänzen und variieren können.

Pflanzenauswahl für den mediterranen Wintergarten

Leitpflanzen
Erdbeerbaum
(*Arbutus unedo*) → Seite 51
Zwergpalme
(*Chamaerops humilis*) → Seite 90
Zitrusfrüchte
(*Citrus*-Arten) → Seite 60
Drachenbaum
(*Dracaena draco*) → Seite 66
Lorbeer (*Laurus nobilis*) → Seite 76
Oleander
(*Nerium oleander*) → Seite 78
Ölbaum (*Olea europaea*)
Immergrüner Schneeball
(*Viburnum tinus*)
Wollmispel
(*Eriobotrya japonica*) → Seite 68

Begleitpflanzen
Rosmarin
(*Rosmarinus officinalis*)
Zistrosen
(*Cistus*-Arten) → Seite 59
Brautmyrte
(*Myrtus communis*) → Seite 78
Mastixstrauch
(*Pistacia lentiscus*) → Seite 82
Bougainvillee
(*Bougainvillea spectabilis*) → Seite 52

Kamelien
(*Camellia*-Arten
und *Camellia*-Hybriden) → Seite 55
Zylinderputzer
(*Callistemon citrinus*) → Seite 54
Schmucklilie
(*Agapanthus*-Hybriden)
Klebsame
(*Pittosporum tobira*) → Seite 83
Wandelröschen
(*Lantana-Camara*-Hybriden)
Sternjasmin
(*Trachelospermum jasminoides*)

Pflanzenauswahl für den ostasiatischen Stil:
Verschiedene Bambus-arten (wie
Phyllostachys-Arten,
Bambusa-Arten oder
Thamnocalamus-Arten)
Goldorange
(*Aucuba japonica*)
Zimmeraralie
(*Fatsia japonica*) → Seite 69
Azaleen
(*Rhododendron*) → Seite 84
Kamelien
(*Camellia*-Arten) → Seite 54

Pflanzenauswahl für den wüstenartigen Wintergarten:
Leitpflanzen
Dickblatt
(z.B. *Aeonium arboreum*) → Seite 99
Agave
(*Agave americana*) → Seite 98
Baumlilie
(*Aloë arborescens*) → Seite 98
Dickblatt
(z.B. *Crassula ovata*) → Seite 99
Euphorbien
(hohe *Euphorbia*-Arten
wie *E. canariensis*) → Seite 99
Säulenkakteen
(z.B. *Cephalocereus*)
Palmlilie (*Yucca*-Arten)

Begleitpflanzen
Mittagsblumen
(*Delosperma cooperi*,
Dorotheanthus bellidiformis,
Mesembryanthemum-Arten)
Hottentottenfeige
(*Carpobrotus edulis*)
Fetthennen (*Sedum*-Arten)
Kalanchoë (*Kalanchoë*-Arten)
Hornklee-Arten
(z.B. *Lotus berthelotii*)
Echeverie
(*Echeveria*-Arten) → Seite 98

Gestaltung im Kalthaus
Mediterraner Wintergarten
Südliches Flair und Lebensgefühl vermittelt ein Wintergarten mit vorwiegend mediterranen Pflanzen, die sich im Kalthaus sehr gut kombinieren lassen.
Sie zeichnen sich durch besondere Pflegeleichtigkeit und Robustheit gegenüber Schädlingen aus. Ist der Wintergarten frostfrei, dann finden hier noch zahlreiche andere

◁ *Bambus vereint Eleganz und immergrüne Heiterkeit.*

Kübelpflanzen-Arten einen geeigneten Platz, vor allem als Begleitpflanzen.
Eine bunte Saisonbepflanzung dient der Auflockerung. Dabei bietet das breite Sommerblumensortiment fast grenzenlose Möglichkeiten zur individuellen Ausgestaltung.
Besonders gut unterstreichen die charakteristischen Terrakotta-Töpfe das Mittelmeerflair. Beim Mobiliar sind Sie nicht festgelegt. Metallmöbel im Stil der viktorianischen Zeit oder aus dem Jugendstil passen ebensogut wie solche aus Massivholz oder Rohrgeflecht.

Asiatisches Flair
Sehr elegant wirkt ein Wintergarten, wenn seine Bepflanzung und das Mobiliar in fernöstlichem Stil aufeinander abgestimmt werden. Hier dominieren vor allem verschiedene Grüntöne und Naturmaterialien, die zur Entspannung und Meditation einladen. Bambuspflanzen, aufgelockert durch einige Farbtupfer von Azaleen, sollten vorherrschen. Wasser als bewegtes Element ist aus der japanischen Kultur kaum wegzudenken, ein Wasserbecken oder Schöpfbrunnen setzt hier besondere Akzente.

Das Mobiliar sollte selbstverständlich auch den Stil des Fernen Ostens aufgreifen, wählen Sie am besten Rohrsessel oder niedrige, schlichte Holzmöbel. Ergänzend unterstreichen Accessoires wie Findlinge, Holzskulpturen, Steinlaternen und Wasserspiele das Ambiente.

»Wüsten-Garten«

Reizvoll und von eigenwilligem Charme ist ein Kalthaus, in dem Kakteen und Sukkulenten vorherrschen. Vor allem mit größeren Pflanzwannen läßt sich so eine wüsten- oder trockensteppenähnliche Stimmung erzeugen.

Die hierfür zu empfehlenden Arten sind anspruchslos und robust. Eine solche Gestaltung bietet sich daher besonders an, wenn nur wenig Zeit für die tägliche Pflege aufgewendet werden kann.

Haben Sie allerdings Kleinkinder im Haus, sollten Sie die Verletzungsgefahr durch Stacheln oder die scharfen Blattspitzen mancher Arten wie Agaven oder Euphorbien bedenken. In diesem Falle sollten Sie besser eine andere Bepflanzung wählen. Eine helle Farbgebung unterstreicht den »wüstenartigen Charakter«. Große Gefäße und Pflanzwannen sollten Sie mit einer Deckschicht aus hellem Splitt, Sand oder Mineralbeton überziehen. Einige größere Felsbrocken, entsprechend plaziert, setzen Akzente. Dazu paßt Mobiliar im Kolonialstil, etwa Peddigrohrsessel oder Sitzmöbel mit Segeltuchbespannung in klaren Formen. Äußerst reizvoll ist es, solch einer »Wüstenpflanzung« ein von Pflanzen umstandenes Wasserbecken als grüne »Oase« hinzuzufügen. Dazu eignen sich zum Beispiel Palmen wie *Phoenix canariensis, Phoenix roebelenii* oder *Washingtonia filifera* sowie Oleander (*Nerium oleander*), Granatapfel (*Punica granatum*) und Zitronen- und Orangenbäume (*Citrus*-Arten).

Kamelien sind elegante Blütensträucher fürs Kalthaus.

Gestaltung im temperierten Haus

Üppiger Blütengarten

Das temperierte Haus bietet mit seinen milderen Wintertemperaturen einer noch größeren Anzahl von Arten einen idealen Standort als das Kalthaus.

Zahlreiche schöne Blüher lassen sich hier miteinander kombinieren und erfüllen die Luft mit ihren betörenden Düften (→ Tabelle Seite 33). Eine solche Bepflanzung braucht natürlich auch reine Blattschmuckpflanzen zur Auflockerung, damit der Wintergarten nicht zu überladen wirkt. Wie im Kalthaus können hier die verschiedensten Kübelpflanzen hinzukommen. Auch viele Stauden und Rhizompflanzen ergänzen den Blütenreichtum, etwa Ingwer (*Hedychium*-Arten), Schwertlilien (*Iris*-Arten), Blumenrohr (*Canna-Indica*-Hybriden), Fackellilien (*Kniphofia*-Hybriden).

Der Erdbeerbaum ziert nicht nur mit Früchten.

Blütenpflanzen	Maracuja	Papaya
Akazie (*Acacia*-Arten) → Seite 47	(*Passiflora edulis*) → Seite 80	(*Carica papaya*) → Seite 56
Bougainvillee	Natalpflaume	Sauersack
(*Bougainvillea*	(*Carissa macrocarpa*) → Seite 56	(*Annona muricata*) → Seite 50
spectabilis) → Seite 52	Citrusfrüchte	Wollmispel
Engelstrompete	(*Citrus*-Arten, wie	(*Eriobotrya japonica*) → Seite 68
(*Datura*-Arten) → Seite 65	Zitronen, Orangen,	Zwergbanane
Hibiskus	Mandarinen,	(*Musa acuminata*) → Seite 67
(*Hibiscus-Rosa-*	Pomeranzen) → Seite 60/61	
Sinensis-Hybriden) → Seite 73	Erdbeerguave	**Pflanzenauswahl**
Kassie (*Cassia*-Arten) → Seite 57	(*Psidium cattleyanum*)	**für den sachlichen Stil:**
Nachtschatten	Feigenbaum	Palmen, zum Beispiel
(*Solanum*-Arten) → Seite 85	(*Ficus carica*) → Seite 70	Petticoatpalmen
Schönmalve	Granatapfel	(*Washingtonia*) → Seite 90
(*Abutilon*-Hybriden) → Seite 46	(*Punica granatum*) → Seite 83	Livistonien
	Guave (*Psidium guajava*)	(*Livistona*) → Seite 91
Exotische Fruchtpflanzen	Kakipflaume	Steckenpalmen
Baumtomate	(*Diospyros kaki*) → Seite 66	(*Rhapis*) → Seite 90
(*Cyphomandra betacea*)	Kapstachelbeere	Birkenfeige
Brasilianische Guave	(*Physalis peruviana*)	(*Ficus benjamina*) → Seite 70
(*Acca sellowiana*)	Kiwi	Jacaranda
Cherimoya	(*Actinidia chinensis*) → Seite 48	(*Jacaranda mimosifolia*)→ Seite 64
(*Annona cherimola*) → Seite 50		

Bei dieser Stilrichtung sollten eher die Pflanzen den Möbeln untergeordnet werden als umgekehrt. Am besten passen hier aber elegante, moderne Stühle und Tische mit klaren Formen und aus edlen Materialien.

Als Kletterpflanzen bieten sich Passionsblumen (*Passiflora*-Arten), Kapuzinerkresse (*Tropaeolum*-Arten), Wachsblumen (*Hoya*-Arten), Trichterwinden (*Ipomoea*-Arten) und Glockenrebe (*Cobaea scandens*) an, die durch ihren reichen Blütenschmuck begeistern. Die zahlreichen Zimmerblumen, die eine kühlere und trockenere Ruhezeit benötigen, um zur Blüte zu kommen, lassen sich ebenfalls hervorragend im temperierten Wintergarten verwenden, entweder ganzjährig oder nur, um dort zu überwintern.

Beim Mobiliar und der weiteren Einrichtung sollte auf ruhige, zurückhaltende Farben geachtet werden, die nicht mit dem Blütenschmuck in Konkurrenz treten.

Nutzpflanzen-Wintergarten

In einem temperierten Wintergarten läßt sich auch der Traum vom Schlaraffenland verwirklichen. Hier bestehen die vielseitigsten Möglichkeiten zum Ziehen der zahlreichen exotischen Nutzpflanzen. Alle auf Seite 37 genannten Arten gedeihen und fruchten hier. Die Auswahl der Arten sollte aber darauf abgestimmt sein, ob es sich um einen kühl oder einen warm temperierten Wintergarten handelt.

So eignen sich Brasilianische Guave, Kiwi, Zitrusfrüchte, Wollmispel, Feigenbaum und Granatapfel auch hervorragend für das Kalthaus. Wärmere Bedingungen brauchen dagegen die Arten tropischen Ursprungs, vor allem Sauersack, Papaya, Baumtomate und Zwergbanane, für die daher auch das Warmhaus in Frage kommt.

Bei manchen Arten wie bei der Cherimoya müssen Sie zur Bestäubung mit einem Pinsel nachhelfen, andere bilden sogar ohne Bestäubung Früchte aus (Jungfernfrüchtigkeit), wie etwa bestimmte Feigensorten. Die Früchte der meisten Arten können roh verzehrt werden, einige werden bevorzugt für Marmeladen, Kompotts oder Säfte verwendet, so etwa Calamondin-Orange, Maracuja oder Kapstachelbeere.

Neben diesen exotischen Arten bietet der Wintergarten Ihnen natürlich auch die Möglichkeit, gewöhnliches Obst oder sogar Gemüse zu ziehen, wie es sonst im Kleingewächshaus üblich ist. Dazu eignen sich vor allem Tomaten, Paprika und Auberginen, die in Kübeln gezogen werden, oder auch Gurken, die sich an Kletterhilfen emporranken. Im Winter lassen sich problemlos frische Küchenkräuter ernten. Mit einigem Geschick können Sie hier sogar Weintrauben heranziehen.

Sachlich-kühler Wintergarten

Nicht immer will man seinen Wintergarten als üppig grünendes und blühendes Paradies gestalten, sondern die durch den Glasumbau zusätzlich gewonnene Wohnfläche lieber anderweitig nutzen. Wintergärten, die einen Eßraum (→ Bild Seite 5 und 13) oder ein Arbeitszimmer aufnehmen sollen, werden deshalb eher sparsam mit Pflanzen bestückt.

Umso wichtiger ist es dann, die Pflanzen besonders gefühlvoll auszuwählen, damit sie ihre Wirkung nicht völlig verlieren. Für solche Zwecke kommen in erster Linie ornamentale Großpflanzen in Frage, etwa besonders schöne und dekorative Palmen oder Birkenfeigen (*Ficus benjamina*).

Die Früchte der Passionsblume sind sehr geschätzt.

Das Laub kommt bei einer überwiegend mit Grünpflanzen konzipierten Gestaltung besonders gut zur Geltung.

Tropische Kostbarkeiten im Warmhaus.

Gestaltung im Warmhaus

Tropischer Wintergarten

Ein ganz besonderer Traum geht für viele Wintergarten-Besitzer mit einer immergrünen, tropischen Umgebung in Erfüllung, in der sie sich in Gedanken in ferne Länder versetzen können. Ein Warmhaus bietet mit seinem ganzjährig günstigen Klima die richtigen Voraussetzungen für üppiges Pflanzenwachstum wie in den Tropen.

Vor allem Baumfarne, die Sie bei ausreichender Luftfeuchte an einem hellen Platz ohne direkte Sonne einfach kultivieren können, vermitteln diese tropische Atmosphäre. Ausgesprochen reizvoll wirkt im Warmhaus ein kleiner Wasserteich, im Randbereich bepflanzt mit farbenprächtigen Seerosen (*Nymphaea*-Arten), Wasserhyazinthen (*Eichhornia crassipes*) und Papyrus (*Cyperus papyrus*). Voraussetzung ist allerdings eine besonders gut funktionierende Lüftung, denn die offene Wasserfläche führt bei starker Sonneneinstrahlung zu erhöhter Kondenswasserbildung.

Auch die Einrichtung kann sehr zum tropischen Flair beitragen. Besonders passend sind Möbel aus Rattangeflecht. Eine Hängematte und ein hölzerner Ventilator vervollständigen das Bild. Unglasierte Keramiktöpfe ostasiatischen Stils, in dunklen Erdfarben gehalten, sollten als Gefäße bevorzugt werden.

Orchideen-Wintergarten

Orchideen sollten eigentlich in keinem tropisch anmutenden Wintergarten fehlen und können auch in den Mittelpunkt der Bepflanzung gestellt werden. Viele der im Handel erhältlichen Hybriden sind einfach zu ziehen und blühen willig, so daß ihre Kultur heute keine Mühe mehr bereitet.

Die meisten tropischen Orchideen-Arten leben epiphytisch, also als

Aufsitzerpflanzen, auf größeren Bäumen, wo sie dem Licht näher sind. Diesen natürlichen Lebensraum kann man durch einen Epiphytenstamm relativ leicht nachbilden. An ihm werden die Pflanzen mit Draht befestigt, so daß sich die oft lang nach unten hängenden Blütentriebe frei entfalten können. Das Problem der Bewässerung läßt sich relativ einfach lösen, wenn man am Stamm entlang einen Bewässerungsschlauch verlegt, der über eine eigene Wasserzufuhr verfügt. Anschließend werden Stamm und Schlauch mit einer dicken Schicht Torfmoos umwickelt. In der Wachstumszeit sollte laufend Wasser aus den Schlauchöffnungen nachtropfen, während in der Ruheperiode die Wasserzufuhr gedrosselt wird.

Für die nötige Beschattung sorgen Sie am besten mit großblättrigen, hochwüchsigen Pflanzen wie Palmen, Philodendren oder Aralien. Besonders schön und natürlich wirkt es, wenn die Orchideen wie im tropischen Regenwald mit anderen Aufsitzerpflanzen kombiniert werden.

Haus-Schwimmbad

Ein Traum vieler Eigenheimbesitzer ist ein hauseigenes Schwimmbad. Ideal läßt es sich mit einem Winter-garten verbinden (→ Foto Seite 9). Durch die Verglasung wird ein Gefühl von Freiheit vermittelt, es läßt sich Baden wie im Freien. Zur »Bade-Urlaubs-Insel« wird die Anlage aber erst richtig, wenn auch eine geschickte Bepflanzung den Eindruck von Südsee unterstreicht. In der feucht-warmen Atmosphäre fühlen sich tropische Pflanzen besonders wohl. Sie sollten in kleinen Gruppen an solchen Stellen arrangiert werden, wo sie die Badefreuden nicht stören. Zum Sitzen und Liegen sollten nur robuste und wasserfeste Modelle gewählt werden, am besten in fröhlichen Farben.

Pflanzenauswahl für den tropischen Wintergarten

Leitpflanzen
Palmen
(wie *Caryota mitis,
Howeia forsteriana*
oder *Livistona*-Arten)
Goldtrompete
(*Allamanda cathartica*) → Seite 49
Pfauenstrauch
(*Caesalpinia
pulcherrima*) → Seite 53
Indischer Goldregen
(*Cassia fistula*) → Seite 57
Kolumnee
(*Columnea*-Arten) → Seite 62
Zierbanane
(*Ensete ventricosum*) → Seite 67
Jacaranda
(*Jacaranda mimosifolia*)→ Seite 74
Passionsblume
(*Passiflora*-Arten) → Seite 80
Philodendron
(*Philodendron*-Arten) → Seite 81
Paradiesvogelblume
(*Strelitzia reginae*) → Seite 87

Begleitpflanzen
Fensterblatt (*Monstera deliciosa*)
Flamingoblume
(*Anthurium*-Hybriden)

Losbaum
(*Clerodendrum*-Arten)
Hibiskus
(*Hibiscus-Rosa-
Sinensis*-Hybriden)
Jakobinie
(*Jacobinia pauciflora*)
Medinille
(*Medinilla magnifica*)
Ruhmeskrone
(*Gloriosa rothschildiana*)
Papaya (*Carica papaya*) → Seite 56
Baumtomate
(*Cyphomandra betacea*)
Kletterfeige
(*Ficus pumila*) → Seite 70
Frauenhaargras
(*Scirpus cernuus*)
St. Augustine-Gras
(*Stenotaphrum secundatum*)

Pflanzenauswahl für den Orchideen-Wintergarten

Orchideen
(*Cattleya*) → Seite 96
(*Cymbidium*-Hybriden) → Seite 96
(*Dendrobium phalaenopsis
Miltoniopsis roezlii
Oncidium papilio
Phalaenopsis*-Hybriden)→ Seite 97

Begleitpflanzen
Nestfarn
(*Asplenium nidus*) → Seite 94
Geweihfarne
(*Platycerium*-Arten) → Seite 94
Bromelien
(*Billbergia*-Arten
Guzmania, Tillandsia)
Flamingoblumen
(*Anthurium*-Hybriden)
Buntwurz (*Caladium*-Hybriden)
Pfeilwurze (*Maranta leuconeura*)

**Pflanzenauswahl
für Schwimmbäder:**
Palmen (wie
Cocos nucifera → Seite 91
Howeia-Arten) → Seite 92
Farne
(wie *Blechnum*-Arten
Nephrolepis-Arten
Asplenium-Arten) → Seite 94
Fensterblatt
(*Monstera deliciosa*)
Flamingoblumen
(*Anthurium*-Hybriden)
Wunderstrauch
(*Codiaeum variegatum*)
Zimmercalla (*Zantedeschia*)
Grünlilie
(*Chlorophytum comosum*)

Grüner wohnen – schöner wohnen

Wintergärten lassen sich als grünes Wohnzimmer, als Eßzimmer oder als Arbeitszimmer gestalten – und gleichzeitig zu einer eindrucksvollen Sammlung von grünen und blühenden Raritäten machen. Hier können Sie den Pflanzen optimale Bedingungen schaffen: Licht von allen Seiten, frische Luft durch Lüftungsklappen – und wenn nötig Schattierung vor zuviel Hitze über die Mittagszeit durch Jalousien oder Schattierleinen.

In diesem attraktiven Eßzimmer lebt eine vielfältige Pflanzengesellschaft:
- zwei kompakte Geldbäume (im Vordergrund),
- eine zimmerhohe Geigenfeige (links),
- eine lichthungrige Kokospalme (rechts),
- ein ausladend breitwüchsiger, großblättriger Philodendron (rechts auf dem Sockel),
- ein buschiger Weihnachtsstern (rechts zu Füßen des Philodendron),
- ein Orangenbäumchen (hinten rechts),
- eine zum Bogen gezogene Passionsblume (daneben),
- ein Quartett aus anspruchslosen Schusterpalmen (hinten links),
- zwei zartblühende Oleander (hinten Mitte).

Grün in Grün – und doch vielfältig. *Dieser Wintergarten ist Eßzimmer und grüne Oase in einem. Wie man sieht, läßt sich beides hinreißend kombinieren.*

Üppiges Grün, edle Blüten, exotischer Duft

Dem Wintergarten-Besitzer steht eine Fülle hinreißender Gewächse zur Auswahl. Nicht jede Pflanze ist jedoch für jeden Wintergarten geeignet. So blühen die meisten Kakteen und Kamelien nur im Kalthaus, während Bromelien und viele Orchideen das feuchtwarme Regenwaldklima eines Warmhauses benötigen.

Tibouchina

Blütezeit: Angegeben ist die typische Blütezeit.
Familie: Beschreibt die botanische Zugehörigkeit der Pflanze.
Herkunft: Aus ihrer geographischen Herkunft können Rückschlüsse auf die Ansprüche der Pflanze gezogen werden (→ Seite 5 bis 11).
Standort: Informiert über Licht- und Substratansprüche.
Verwendung: Genannt werden die Wintergartentypen, für die sich die Pflanze eignet.
Pflege: Informiert über die erforderlichen Pflegemaßnahmen.
Vermehrung: Hier finden Sie die einfachsten Vermehrungsmethoden und den besten Zeitpunkt dafür. Ist kein Zeitpunkt angegeben, läßt sich die Pflanze ganzjährig vermehren.
Schädlinge, Krankheiten: Häufig auftretende Schädlinge oder Krankheiten. Fehlt dieses Stichwort, so ist die Pflanze wenig anfällig.
Unser Tip: Hier geben die Autorinnen besondere Ratschläge oder Hinweise zur Pflanze.
Warnung: Informiert, ob die Pflanze giftig ist, hautreizende oder allergieauslösende Stoffe enthält – oder ob Verletzungsgefahr besteht.

Was Sie über Pflanzennamen wissen sollten

Der deutsche Name einer Pflanze reicht oft nicht aus, um sie eindeutig zu bezeichnen. Häufig gilt die deutsche Bezeichnung für eine ganze Gattung, die einzelnen Arten besitzen keine Eigennamen. So wird als Akazie nicht nur die »echte« Akazie, *Acacia*, verstanden, sondern vielfach auch die Scheinakazie, *Robinia*.
Der botanische Name. Erst er beschreibt eine Pflanze eindeutig und international verständlich. Er besteht immer aus zwei Teilen.
● Der Gattungsname steht an erster Stelle. Darunter werden nah verwandte Pflanzen zusammengefaßt. So ist *Acacia* der Gattungsname für alle Akazien.
● Der Artname ist der zweite Name. *Acacia armata* bezeichnet den Känguruhdorn.
● Der Sortenname kennzeichnet gezüchtete Formen. Er steht in einfachen Anführungszeichen hinter dem botanischen Namen, zum Beispiel *Acacia baileyana* 'Purpurea'.

Einteilung der Pflanzenporträts

Auf den folgenden Seiten finden Sie eine Auswahl beliebter Pflanzen für den Wintergarten. Der Querschnitt umfaßt Arten für Warmhaus, temperiertes Haus und Kalthaus. Die Pflanzen werden in 2 Gruppen vorgestellt:
Blüten- und Blattschmuckpflanzen (→ Seite 46 bis 87) sind alphabetisch nach ihren botanischen Namen geordnet.
Besondere Pflanzengruppen (→ Seite 88 bis 101). Hier finden Sie alles Wissenswerte über botanische Sondergruppen wie Palmen (→ Seite 90 bis 93), Farne (→ Seite 94/95), Orchideen (→ Seite 96/97), Kakteen (→ Seite 98/99), Bodendeckende Pflanzen (→ Seite 100/101).

Erläuterung der Stichwörter

Jedes Porträt ist durch Stichwörter unterteilt. Es beginnt mit einer kurzen Beschreibung der Art oder Gattung und ist dann nach folgenden Stichwörtern aufgebaut:

Erläuterung der Symbole

○ Die Pflanze braucht einen sonnigen Standort.

◑ Die Pflanze muß halbschattig stehen oder schattiert werden.

⬤ Die Pflanze verträgt oder bevorzugt Schatten.

Ⓚ Pflanze für das Kalthaus.

⚱ Pflanze für das temperierte Haus (Lauwarmhaus).

Ⓦ Pflanze für das Warmhaus.

☠ Die Pflanze ist giftig.

⚠ Die Pflanze enthält hautreizende beziehungsweise allergieauslösende Stoffe, oder es besteht Verletzungsgefahr.

Eleganz in Vollendung: Edle Blütentrichter schieben sich bei der Zimmerkalla aus einer Fülle formschöner Blätter hervor.

Abutilon-Hybriden tragen Blüten wie aus Seidenpapier.

Abutilon megapotamicum trägt bunte Lampionblüten.

Abutilon
Schönmalve, Zimmerahorn, Samtpappel

◯ ◑ Ⓚ ⏏

Die seidigen Blüten der Schönmalven leuchten farbintensiv über dem ahornähnlichen, weich behaarten Laub. Für den Wintergarten werden die immergrünen, bis etwa 3 m hoch wachsenden Sträucher wegen ihrer nahezu ganzjährigen Blütenpracht geschätzt.

● Die *Abutilon-Hybriden* sind besonders farbenprächtig und warten je nach Sorte mit einer Fülle von weißen, gelben, orange- und rosafarbenen oder roten Glocken- oder Schalenblüten auf.

● *Abutilon pictum* zeigt bei manchen Sorten goldgeflecktes Laub, so bei 'Thompsonii'.

● *Abutilon megapotamicum* trägt dunkelrote Lampionblüten mit leuchtend gelben Kronblättern. Die bekannte Sorte 'Variegata' wird wegen ihrer dünnen, leicht überhängenden Triebe sogar als Ampelpflanze oder zur Begrünung von Spalieren verwendet.

Blütezeit: Ganzjährig mit Höhepunkt im Frühjahr und Sommer.

Familie: Malvengewächse *(Malvaceae)*.

Herkunft: Tropen und Subtropen.

Standort: Ganzjährig hell, aber nicht vollsonnig. Bei zu dunklem Stand, vor allem im Winter, werden die Blätter abgestoßen. Kühler Winterstand (nicht über 10°C). Pflanze verträgt sogar kurzzeitig leichten Frost.

Verwendung: Kalthaus und winterkühles, temperiertes Haus. Kultur überwiegend im Kübel.

Pflege: Im Sommer gleichmäßig feucht halten und von April bis August wöchentlich düngen. Im Winter nur mäßig gießen, aber nicht austrocknen lassen. Im März/April Triebe um ein bis zwei Drittel zurückschneiden, damit die Sträucher kompakt bleiben.

Vermehrung: Durch Kopfstecklinge im Frühjahr. Bei einigen Sorten ist Aussaat möglich.

Schädlinge, Krankheiten: Weiße Fliege, Blattläuse. Standortwechsel, Zugluft, starke Temperaturschwankungen, Ballentrockenheit oder Staunässe führen zum Blatt- und Knospenfall. Gelbe oder braune Blattverfärbungen durch zu direkte Sonne.

Die flauschigen Blütenbälle des Känguruhdorns duften leicht süßlich.

Acacia
Akazie, Mittwintersonne

○ Ⓚ

Im Winter und Frühjahr fallen die goldgelben Blütenbällchen der immergrünen Bäume sofort ins Auge. Wegen ihrer Blüten werden sie oft fälschlich als »Mimosen« bezeichnet.

● *Acacia armata*, der Känguruhdorn, ist eine schwachwüchsige, nur etwa 3 m hoch werdende Art, die schon als Jungpflanze von Februar bis April blüht.

● *Acacia baileyana* wächst bis zu 6 m Höhe und hat feines, gefiedertes, blaugraues Laub. Die duftenden Blüten stehen in langen Trauben.

● *Acacia longifolia* bildet eine ebenmäßige, runde Krone mit hellgrünem Laub. Sie gilt als sehr robust, verträgt sogar etwas Kalk und blüht von Februar bis April.

● *Acacia podalyriifolia* wächst breitbuschig und treibt schon im November besonders große, betörend duftende Blüten.

● *Acacia pendula* hat hängende Zweige. Ihre Krone bildet im Alter einen hübschen Schirm.

Blütezeit: Januar bis April, manche Arten schon ab November. Blüte ist stark temperaturabhängig.

Familie: Hülsenfrüchtler (*Leguminosae*).

Herkunft: Australien, Afrika und tropisches Amerika.

Standort: Vollsonnig. Verlangen saures, gut durchlässiges Substrat. Sollte im Winter kühl stehen (um 5°C), damit sie lange blüht.

Verwendung: Kalthaus. Sehr attraktiv neben Bougainvilleen oder Tibouchinen.

Pflege: Im Sommer reichlich, im Winter wenig gießen, stets mit kalkfreiem Wasser. Von April bis August alle 2 Wochen schwach düngen. Rückschnitt nach der Blüte fördert den Neuaustrieb, an dem im folgenden Jahr die Blüten erscheinen. Gleichzeitig beim Rückschnitt auch Kronenform korrigieren.

Vermehrung: Durch Kopfstecklinge im Frühjahr oder Sommer, die sich bei 20°C bewurzeln.

Schädlinge, Krankheiten: Blättern und Blüten »rieseln« meist bei zuviel Wärme im Winter. Vergilben der Blätter bei Staunässe.

Unser Tip: Akazien bilden einen sehr kompakten Wurzelfilz dicht unter der Erdoberfläche und lassen eine nachträgliche Unterpflanzung nicht mehr zu. Bodendecker müssen deshalb sofort miteingesetzt werden.

Ein brauner Pelz hüllt die saftige Frucht ein.

Kiwis sind äußerst attraktive Ziergehölze.

Actinidia chinensis
Kiwi, Chinesische Stachelbeere, Strahlengriffel

○ Ⓚ ⊤

Die wohlschmeckenden, braunfilzigen Früchte der Kiwipflanze gelten als wertvolle Vitaminspender. Sie zählen wie Bananen und Orangen heute zum Standardangebot am Obststand. Kiwis sind anspruchsvoll, sie gedeihen und reifen im Freien nur in klimatisch begünstigten Gebieten. Zuverlässiger entwickeln sich die hübschen Blüten und eigroßen Früchte im Wintergarten. Die bis zu 10 m hohen Schlinger sind zweihäusig, jede Pflanze bildet entweder nur männliche oder nur weibliche Blüten. Damit eine Befruchtung erfolgen kann, müssen mindestens 2 Exemplare verschiedenen Geschlechts gepflanzt werden. Es gibt mehrere Kiwi-Sorten, von denen 'Hayward' die bekannteste ist. Sie bringt große, geschmacklich ausgewogene Früchte in reicher Zahl.

Blütezeit: Mai bis Juni.
Familie: Strahlengriffelgewächse *(Actinidiaceae)*.
Herkunft: China.
Standort: Sonnig, im Sommer warm, im Winter kühl. Die meisten Sorten vertragen auch leichten Frost. Pflanze braucht lockeres, saures Substrat und geräumige Pflanzgefäße.
Verwendung: Kalthaus und kühl temperiertes Haus.
Pflege: Im Sommer reichlich mit kalkfreiem Wasser gießen und wöchentlich düngen. Im Winter weniger gießen. Triebe an einer Rankhilfe aufleiten. Zur Förderung der Fruchtreife im Juli die fruchttragenden Triebe einkürzen (5 bis 8 Blätter stehen lassen). Triebe, die Früchte getragen haben, im Winter zurückschneiden.
Vermehrung: Schwierig, Kiwis werden veredelt.
Schädlinge, Krankheiten: Trockene Luft kann Befall mit Spinnmilben hervorrufen. Stauende Nässe verursacht Wurzelfäule. Vergilben die Blätter, ist das Substrat zu kalkhaltig.
Unser Tip: Haben Sie nur wenig Platz, dann wählen Sie am besten einhäusige Sorten wie 'Jenny' oder 'Weiki', die auch allein Früchte ansetzen.

Blühende und fruchtende Albizia julibrissin.

Die Blüten öffnen sich nacheinander und duften betörend.

Albizia
Albizie, Seidenbaum, Schlafbaum, »Schirmakazie«

Schlaf- und Seidenbaum wird die laubabwerfende Albizie genannt, denn sie faltet ihre fein gefiederten Blätter abends zusammen und trägt Blüten wie seidige Puderquasten.

● *Albizia julibrissin* ist sommergrün und besitzt rosafarbene Pinselblüten. Sie erreicht im Kübel etwa 2 bis 3 m Höhe.

● *Albizia lophanta* bleibt kleiner und wird wegen ihrer frühen Blüte geschätzt. Die cremefarbenen Büschel erscheinen schon an jungen Pflanzen.

Blütezeit: *Albizia julibrissin* Juli bis September, *Albizia lophanta* Februar bis April.
Familie: Hülsenfrüchtler *(Leguminosae)*.
Herkunft: Subtropisches Asien. *Albizia lophanta* Südwest-Australien.
Standort: Sonnig. Vor Zugluft schützen.
Verwendung: Frostfreies Kalthaus oder temperiertes Haus.
Pflege: Im Sommer gleichmäßig feucht halten, im Herbst und Winter aber trocken. Von Blühbeginn bis Juli alle 2 Wochen düngen.
Vermehrung: Durch Aussaat.
Schädlinge, Krankheiten: Wolläuse, Spinnmilben.

Allamanda cathartica
Goldtrompete

Die Goldtrompete ist ein starkwüchsiger Schlingstrauch, der bis zu 6 m hoch wird. Während der Blütezeit zieht sie mit ihren goldgelben Trichterblüten alle Blicke auf sich. Man kann sie am Spalier, an Spanndrähten oder auch im Gefäß an Rundbögen ziehen.
Blütezeit: Mai bis September, auch bis Dezember.
Familie: Hundsgiftgewächse *(Apocynaceae)*.
Herkunft: Brasilien.
Standort: Vollsonnig. Ganzjährig warm, auch im Winter nicht unter

15°C. Nahrhaftes, humoses Substrat.
Verwendung: Warmhaus oder warm temperiertes Haus.
Pflege: Reichlich gießen, nur erwärmtes und kalkfreies Wasser verwenden. Für hohe Luftfeuchtigkeit sorgen. Vom Frühjahr bis zum Herbst wöchentlich düngen. Im Februar/März kann zurückgeschnitten werden.
Vermehrung: Durch Kopfstecklinge im Frühjahr oder Herbst.
Schädlinge, Krankheiten: Gelbverfärbte Blätter sind meist ein Zeichen für Nährstoffmangel.
Warnung: Die Goldtrompete ist in allen Teilen giftig.

Die Früchte schmecken nach Birnen und Mangos.

Käpitän Cook brachte die Zimmertanne nach Europa.

Annona cherimola
Cherimoya, Annone, Rahmapfel

Die Cherimoya ist ein ungewöhnliches, aber einfach zu ziehendes Obstgehölz für den Wintergarten. Schon die Inkas schätzten die Früchte des graugrün belaubten Großstrauches. Die bis zu 1 kg schweren Beeren haben eine geschuppte Oberfläche und weiches, weißes, wohlschmeckendes Fleisch. Die magnolienähnlichen Blüten verströmen einen betörenden Duft.
Blütezeit: März bis Mai.
Familie: Annonengewächse *(Annonaceae).*

Herkunft: Peru und Ecuador.
Standort: Sonnig und warm, im Winter kühl. Blüten setzen nur nach einer kurzen Kälteperiode (zwischen 0 und 10°C) an.
Verwendung: Kalthaus und kühl temperiertes Haus.
Pflege: Vom Frühjahr bis Spätsommer reichlich gießen und alle 2 Wochen düngen. Für reichen Fruchtansatz künstlich bestäuben. Dazu mit einem feinen Pinsel über die Staubgefäße streichen und den Blütenstaub auf die Narben anderer Blüten übertragen.
Vermehrung: Durch Kopfstecklinge.

Araucaria
Araukarie, Schmucktanne

Ein exotisches, langsam wachsendes Nadelgehölz ist die Araukarie.
● *Araucaria araucana,* die Chilenische Araukarie, hat dicht mit dreieckigen Nadeln besetzte Triebe.
● *Araucaria angustifolia,* die Brasilkiefer, trägt spitze, lanzettliche Blätter.
● *Araucaria heterophylla,* die fein benadelte Zimmertanne, ziert schon lange Wintergärten.
Familie: Araukariengewächse *(Araucariaceae).*
Herkunft: Südamerika.
Standort: Hell, aber nicht vollsonnig, im Wurzelbereich schattig. Humose, saure Erde.
Verwendung: Kalthaus.
Pflege: Mäßig feucht halten, mit kalkfreiem Wasser gießen. Für hohe Luftfeuchte sorgen. Im Sommer alle 2 Wochen schwach düngen.
Vermehrung: Durch Kopfstecklinge vom Mitteltrieb, aber schwierig.
Schädlinge, Krankheiten: Nadelfall bei zu trockener Luft sowie zuviel Wasser und Wärme im Winter.
Unser Tip: Araukarien wachsen nur dann symmetrisch, wenn sie von allen Seiten Licht bekommen.
Warnung: Die spitzen Nadeln können verletzen.

Mit zunehmendem Alter wird die Blüte üppiger.

Die Ardisie braucht eine hohe Luftfeuchte.

Arbutus unedo
Erdbeerbaum

Mit seinem lorbeerähnlichen, immergrünen Laub und der rotbraunen Rinde bleibt der Erdbeerbaum das ganze Jahr attraktiv. Im Winter schmückt er sich mit duftenden, weißen Glockenblüten. Bald darauf erscheinen die erdbeerähnlichen Früchte. Sie sind eßbar, schmecken aber etwas fad. Von dem etwa 3 m hoch werdenden Gehölz sind unter dem Namen 'Compacta' auch Zwergformen im Handel, die nur halb so groß werden. **Blütezeit:** November bis März.

Familie: Heidekrautgewächse *(Ericaceae)*.
Herkunft: Mittelmeerraum.
Standort: Hell, am besten leicht schattig. Zugluft vermeiden.
Verwendung: Kalthaus und kühl temperiertes Haus.
Pflege: Sparsam mit kalkfreiem Wasser gießen, aber nie austrocknen lassen. Pflanze ist empfindlich gegen Staunässe. Von April bis August wöchentlich düngen. Bei Bedarf in Form schneiden. Bei warmem Stand im Winter verliert sie eines Teil des Laubes.
Vermehrung: Durch Kopfstecklinge im Frühjahr.

Ardisia crenata
Spitzblume, Ardisie

Mit scharlachrotem Fruchtschmuck und immergrünem, glänzendem Laub ist die Ardisie eine beliebte Zimmerpflanze. In den Verdickungen der Blattränder leben Bakterien, ohne die die Pflanze nicht leben kann, deshalb nie entfernen.
Blütezeit: Mai bis Juli.
Familie: Myrsinegewächse *(Myrsiniaceae)*.
Herkunft: Tropen und Subtropen Asiens, Pazifische Inseln.
Standort: Hell, aber nicht vollsonnig. Überwiegend warm, im Winter kühler.

Verwendung: Kalthaus und temperiertes Haus.
Pflege: Mäßig gießen, Pflanze braucht aber hohe Luftfeuchtigkeit. Im Sommer wöchentlich düngen. Blüten mit feinem Pinsel künstlich bestäuben, um den Fruchtansatz zu erhöhen.
Vermehrung: Durch Aussaat oder Kopfstecklinge. Stecklingspflanzen verzweigen sich besser.
Schädlinge, Krankheiten: Schild- und Wolläuse.
Unser Tip: Hohe Luftfeuchte und kühle Wintertemperaturen erhöhen die Haltbarkeit der Beeren.

Nach einer Ruhezeit, in der auch die Blätter abgeworfen werden, erscheinen die Blüten in üppiger Fülle.

Bougainvillea
Bougainvillee, Drillingsblume

○ 🏠 Ⓦ ⚠

Mit ihren leuchtenden violetten, roten, orangefarbenen, gelben oder weißen Hochblättern besitzt die Bougainvillee wie kaum eine andere Pflanze tropische Farbigkeit. Die gelbweißen Blüten selbst bleiben eher unscheinbar. Sie stehen zu dritt inmitten von drei großen, farbigen Hochblättern. *Bougainvillea glabra* ist ein etwa 4 m hoch wachsender Kletterstrauch, der im temperierten Haus unermüdlich blüht, im Warmhaus dagegen nur wenige Blü-

ten bildet. Dort blühen und gedeihen die zahlreichen Hybriden viel besser. Am meisten Wärme verlangen die Sorten mit weich behaarten Blättern. Die glattlaubigen Sorten sind robuster und dürfen kühler stehen.

Blütezeit: Ganzjährig. Bei stets warmem Stand nur spärliche Blüte.

Familie: Wunderblumengewächse *(Nyctaginaceae).*

Herkunft: Brasilien.

Standort: Vollsonnig und warm, im Winter etwas kühler. Vor Zugluft schützen.

Verwendung: Temperiertes Haus und Warmhaus. Zur Begrünung von Spalieren oder an Kletter-

drähten. Man kann sie auch in Bäume oder Großsträucher hineinwachsen lassen.

Pflege: Im Frühjahr und Sommer reichlich gießen, im Herbst und Winter trocken halten. Von März bis August wöchentlich düngen. Kletterhilfe geben und lange, herabhängende Triebe immer wieder einkürzen.

Vermehrung: Durch Stecklinge, aber schwierig.

Schädlinge, Krankheiten: Staunässe verursacht schnell Wurzelschäden und läßt die Pflanze absterben. Vor allem nach dem Laubabwurf im Winter sind Bougainvilleen sehr empfindlich gegen Nässe.

Unser Tip: Läßt man die Pflanze für kurze Zeit austrocknen und gießt anschließend wieder reichlich, steht sie bald in Vollblüte. So bringt man sie auch im Warmhaus zum Blühen.

Warnung: An den Dornen kann man sich verletzen.

Caesalpinia
Pfauenstrauch, Paradiesvogelbusch

○ 🛈 Ⓦ

Wie bunte Schmetterlinge schweben die Blüten der Caesalpinien über dem doppelt gefiederten Laub.

● *Caesalpinia gilliesii,* der Paradiesvogelbusch, wächst nur langsam zu einem kleinen Baum heran. Trägt im Hochsommer viele gelbe Blüten.

● *Caesalpinia pulcherrima,* der »Stolz von Barbados«, blüht im Warmhaus nahezu ganzjährig in Rot, Orange oder Gelb.

Blütezeit: *Caesalpinia gilliesii* Juli und August. *Caesalpinia pulcherrima* im Warmhaus ganzjährig.

Familie: Hülsenfrüchtler *(Leguminosae).*

Herkunft: Amerika.

Standort: Sonnig und warm. Zugluft vermeiden.

Verwendung: Temperiertes und Warmhaus.

Pflege: Vorsichtig gießen, Staunässe vermeiden. Pflanze nach dem Laubabwurf im Winter nur sehr wenig gießen. *Caesalpinia pulcherrima* braucht reichlich Wasser. Im Sommer alle 2 Wochen düngen. Jungpflanzen mehrfach entspitzen.

Vermehrung: Durch Aussaat im Frühjahr bei 25°C.

Schädlinge, Krankheiten: Spinnmilben (selten).

Unser Tip: Verkahlen die Sträucher von unten, Bodentriebe auf ein Drittel zurückschneiden. Sie treiben bald nach und verzweigen sich.

Der »Stolz von Barbados« gilt als Inbegriff tropischer Blütenpracht.

An leicht überhängenden Trieben sitzen die aparten Blüten. *Die Zweige wachsen später über den Blütenständen weiter.*

Calliandra
Puderquasten-strauch, Flammen-busch

◯ Ⓚ Ⓣ

Viele rosarote, seidige Staubblätter, die weit aus den Blüten herausragen, bilden die Zierde dieses eleganten Strauchs.
● *Calliandra haemato-cephala,* für temperierte Häuser. Ihr metallisch glänzendes Laub ist im Austrieb kupferfarben.
● *Calliandra tweedii,* eine klassische Kalthaus-pflanze mit fein gefieder-tem Laub. Mit ihren über-hängenden Zweigen kann sie als Busch, Hochstamm oder auch am Spalier gezogen werden.

Blütezeit: *Calliandra hae-matocephala* Oktober bis März, *Calliandra tweedii* Februar bis Oktober.
Familie: Hülsenfrüchtler *(Leguminosae).*
Herkunft: Amerika.
Standort: Sonnig und warm bei hoher Luft-feuchte. Gut drainierter Boden.
Verwendung: Kalthaus und temperiertes Haus.
Pflege: Gleichmäßig feucht halten. Während der Blüte wöchentlich düngen. Lange Triebe aufbinden. Gelegentlich stark zurückschneiden.
Vermehrung: Durch Kopf-stecklinge.
Schädlinge, Krankheiten: Spinnmilben bei trockener Luft.

Callistemon citrinus
Zylinderputzer, Flaschenputzer, Schönfaden

◯ Ⓚ Ⓣ Ⓦ

In feurigem Rot leuchten die »Flaschenbürsten« an den Triebspitzen über dem immergrünen Laub. Der bis etwa 2 m hohe, breitbuschige Zylinder-putzer wird gerne als Kübelpflanze gezogen und zeigt sich auch im Wintergarten von seiner schönsten Seite. Die har-ten Samenkapseln bleiben lange am Trieb stehen, darüber werden wieder neue Blüten gebildet.
Blütezeit: Mai bis August. Im Warmhaus schon ab Februar.

Familie: Myrtengewächse *(Myrtaceae).*
Herkunft: Australien.
Standort: Sonnig. Saures Substrat. Pflanze verträgt auch leichten Frost.
Verwendung: Für alle Häuser geeignet.
Pflege: Reichlich mit stets kalkfreiem Wasser gießen und den Ballen nie aus-trocknen lassen. Im Som-mer wöchentlich düngen. Triebe nach der Blüte ent-spitzen, das fördert den neuen Blütenansatz.
Vermehrung: Durch Kopfstecklinge im zeiti-gen Frühjahr oder Spät-sommer.
Unser Tip: Bleibt die Blüte aus, sollte man den Strauch den Winter über kühl stellen.

54

Einfache Blüte mit kontrastierenden Staubgefäßen.

Gefüllte Blüte mit zartem Farbenspiel.

Camellia
Kamelie, Teestrauch

◯ ◑ Ⓚ 🛈

Kamelien zählen zu den edelsten Kübelpflanzen. Vor allem die Sorten von *Camellia japonica* zeigen eine unglaubliche Fülle verschiedener Wuchs- und Blütenformen. Aber auch Wildarten wie der Teestrauch, *Camellia sinensis,* sind reizvolle Kostbarkeiten unter den immergrünen Sträuchern. Von reinem Weiß über zartes Rosa bis hin zu glutrotem Karmin reicht die Palette der Blütenfarben. Ihre Formenvielfalt ist ebenfalls erstaunlich. Es gibt alle Übergänge von einfachen bis hin zu dicht gefüllten Blüten. Dem Wintergarten verleihen Kamelien mit ihrer winterlichen Blüte über viele Wochen ein unnachahmliches Flair. Im Sommer zieren sie mit ihrem oft lackartig glänzenden, dunkelgrünen Laub. Zu dieser Zeit müssen sie aber sorgfältig vor praller Sonne und Überhitzung geschützt werden.

Blütezeit: Oktober bis April.

Familie: Teestrauchgewächse *(Theaceae).*

Herkunft: Ostasien.

Standort: Hell, aber nicht vollsonnig, auch halbschattig. Im Sommer viel lüften. Torfreiches, saures Substrat. Stets auf hohe Luftfeuchte achten.

Verwendung: Kalthaus oder kühl temperiertes Haus (im Winter nicht über 15°C). Schön zu Azaleen und Zitrusfrüchten.

Pflege: Gleichmäßig leicht feucht halten. Nur kalkfreies Gießwasser verwenden. Während des Knospenansatzes im Sommer etwas trockener halten. Nach der Blüte bis Juli alle 2 Wochen schwach düngen. Triebe von Jungpflanzen jedes Jahr nach der Blüte um ein Drittel zurückschneiden, damit sie sich besser verzweigen. Ältere Pflanzen nur bei Bedarf in Form schneiden.

Vermehrung: Durch Kopfstecklinge im Sommer oder durch Abmoosen im Frühjahr.

Schädlinge, Krankheiten: Kamelien sind sehr empfindlich gegenüber starken Temperaturschwankungen oder unregelmäßigem Gießen und Düngen. Zu wenig Licht und stehende, feuchte Luft können Grauschimmel und andere Pilzinfektionen verursachen. Bei zu warmem Stand treten häufig Schildläuse auf.

Unser Tip: Kamelien sind Kalthauspflanzen par excellence, sie gedeihen unter Wintergartenbedingungen hervorragend. Häufiges Lüften hilft, die Pflanzen gesund zu halten.

Die großen Früchte sind sehr vitaminreich.

Während der Reife verfärben sich die Früchte scharlachrot.

Carica papaya
Papaya, Melonenbaum

Papayas tragen wohlschmeckende Früchte und haben ein dekoratives Aussehen. Ihr ornamentales, handförmiges Laub steht in einem Schopf an der Spitze des bis zu 4 m hohen Stammes. Papayas sind zweihäusig, es gibt männliche und weibliche Pflanzen. Möchte man Früchte ernten, müssen Pflanzen beider Geschlechter beieinander stehen.
Blütezeit: Im Warmhaus ganzjährig.
Familie: Melonenbaumgewächse *(Caricaceae).*
Herkunft: Unbekannt.

Standort: Sonnig und ohne Zugluft. Nahrhaftes Substrat. Im Winter auf genügend Bodenwärme achten.
Verwendung: Temperiertes Haus und Warmhaus.
Pflege: Im Sommer reichlich gießen und wöchentlich düngen. Im Winter trockener halten. Um »Kalte Füße« zu vermeiden, Pflanze eventuell an die Heizung rücken.
Vermehrung: Durch Aussaat. Samen vorher gut waschen und einige Tage trocknen, dann bei 25°C aufstellen.
Schädlinge, Krankheiten: Spinnmilben bei trockener Luft.

Carissa macrocarpa
Natalpflaume, Wachsbaum

Aus den duftenden, weißen Sternblüten, die das ganze Jahr über einzeln erscheinen, entwickeln sich dunkelrote Beeren. Sie schmecken ähnlich wie gezuckerte Preiselbeeren. Die langsam wachsende Natalpflaume wird deshalb häufig als Obstgehölz gezogen. Außer den Früchten sind alle Teile des dichtwachsenden Strauches extrem giftig. Die Blätter sind ledrig und immergrün. Interessant wirken auch die gabelig geteilten Dornen.

Blütezeit: April bis August, manchmal ganzjährig.
Familie: Hundsgiftgewächse *(Apocynaceae).*
Herkunft: Südafrika.
Standort: Sonnig bis halbschattig. Im Winter 10 bis 15°C.
Verwendung: Frostfreies Kalthaus oder temperiertes Haus.
Pflege: Mäßig gießen, Staunässe vermeiden. Im Sommer alle 2 Wochen schwach düngen.
Vermehrung: Durch Kopfstecklinge im Sommer, Bewurzelung bei 25°C.
Warnung: Außer den Früchten sind alle Teile sehr giftig. An den Dornen kann man sich verletzen.

Lockere Blütentrauben bei Cassia corymbosa.

Goldgelbe Blütenkerzen bei Cassia didymobotrya.

Cassia
Kassie, Gewürzrinde, Kerzenstrauch

◯ Ⓚ ⊤ Ⓦ ☠

Viele Cassia-Arten sind nicht nur hübsche Ziergehölze, sondern auch Nutzpflanzen. Die Blätter mancher Arten werden als Sennesblätter zur Anregung der Verdauung verwendet, die Schotenfrüchte ergeben das nahrhafte Manna. Im Wintergarten schätzt man die Kassien wegen ihrer üppigen, anhaltenden Blüte.

● *Cassia didymobotrya,* der bis zu 3 m hohe Kerzenstrauch, auch Geflügelte Kassie genannt, treibt nahezu das ganze Jahr goldgelbe Blüten. Sie stehen in kerzenähnlichen Blütenständen, die von unten nach oben aufblühen und stets weiterwachsen. Das dunkelgrüne, regelmäßig gefiederte Laub duftet stark nach Erdnußbutter.

● *Cassia corymbosa,* die Gewürzrinde, wirkt lockerer und duftiger. Sie blüht oft schon ab März bis weit in den Herbst.

● *Cassia fistula,* der Indische Goldregen, ist vom Frühling bis in den Sommer mit einer Vielzahl duftender Blütentrauben in hellem Gelb überschüttet.

Blütezeit: *Cassia didymobotrya* ganzjährig mit Pause im Spätwinter. *Cassia corymbosa* von März bis Oktober und länger. *Cassia fistula* von Februar bis August.

Familie: Hülsenfrüchtler *(Leguminosae).*

Herkunft: *Cassia didymobotrya* tropisches Afrika, *Cassia corymbosa* Südamerika, *Cassia fistula* Indien und Sri Lanka.

Standort: Sonnig und warm, im Winter hell bei 10 bis 15°C.

Verwendung: *Cassia didymobotrya* und *Cassia corymbosa* im Kalthaus und temperierten Haus. *Cassia fistula* im geräumigen Warmhaus oder warm temperierten Haus.

Pflege: Im Sommer reichlich gießen und wöchentlich düngen. Im Winter trockener halten. Rückschnitt der diesjährigen Triebe im Spätherbst.

Vermehrung: Durch halbverholzte Kopfstecklinge im Frühjahr oder durch Aussaat.

Schädlinge, Krankheiten: Weiße Fliege.

Unser Tip: Eine Spezialität ist *Cassia grandis* mit lachsfarbenen Blüten. Sie wird wie *Cassia fistula* kultiviert.

Warnung: Manche *Cassia*-Arten sind giftig.

Cestrum elegans kann auch am Spalier gezogen werden.

Orangenblumen bilden kleine, runde Büsche.

Cestrum
Hammerstrauch

Die üppige Blüte dieses Strauches hängt stark davon ab, wie er gezogen wird. Unbeschnitten bildet er im Winter Knospen. Bei Rückschnitt im Herbst blüht er den Sommer über.

● *Cestrum aurantiacum* wirft ihr Laub ab und hat sattgelbe Blüten.
● *Cestrum elegans* trägt große, purpurrote Blüten.
● *Cestrum newellii* bildet an überhängenden Zweigen karminrote Blütenbüschel.

Blütezeit: April bis September, ohne Schnitt November bis Juni.

Familie: Nachtschattengewächse *(Solanaceae)*.
Herkunft: Tropen und Subtropen Amerikas.
Standort: Sonnig. Durchlässiges Substrat.
Verwendung: Kalthaus und temperiertes Haus. In großen Gefäßen oder ausgepflanzt.
Pflege: Im Frühjahr und Sommer reichlich gießen, im Winter nur mäßig. Während Blüte und Wachstum wöchentlich düngen.
Vermehrung: Durch Kopfstecklinge im Frühjahr.
Schädlinge, Krankheiten: Weiße Fliege, Krautfäule, Grauschimmel.
Warnung: *Cestrum*-Arten sind in allen Teilen giftig.

Choisya ternata
Orangenblume

Wie ihre Verwandten, die Zitronen und Orangen, besitzt die Orangenblume glänzendes, ledriges, immergrünes und duftendes Laub. Gegenüber ihren größeren Cousinen hat sie einen entscheidenden Vorteil - sie ist robuster und leichter zu kultivieren. Auffällig sind die weißen, betörend duftenden Blüten.

Blütezeit: Februar bis Juni, manchmal Nachblüte im Herbst.
Familie: Rautengewächse *(Rutaceae)*.
Herkunft: Mexiko.
Standort: Sonnig bis halbschattig, im Winter hell und kühl.
Verwendung: Kalthaus und kühl temperiertes Haus.
Pflege: Mäßig feucht halten, nur kalkfreies Wasser verwenden und Staunässe vermeiden. Von April bis August alle 4 Wochen schwach düngen.
Vermehrung: Durch halbverholzte Stecklinge im August/September, warm bewurzeln.
Schädlinge, Krankheiten: Spinnmilben.
Unser Tip: Hält man die Pflanze nach der Blüte trocken, blüht sie oft im Herbst nach.
Warnung: Der sehr intensive Duft kann Kopfschmerzen verursachen.

Mehrere Wochen lang präsentiert sich Cistus ladanifer im üppigen Blütenkleid.

Cistus
Zistrose

◯ Ⓚ ⌂

Zistrosen sind typische Kleinsträucher der mediterranen Trockenflora, die nur etwa 2 m hoch werden. Die Blätter der Zistrosen scheiden oft ein klebriges Harz aus und duften aromatisch. Wegen ihrer frühen Blüte sind Zistrosen beliebte Kalthauspflanzen und können auch als Bodendecker gezogen werden. Ihre rosenähnlichen Blüten wirken wie zerknittertes Seidenpapier. Die einzelne Blüte ist zwar schnell vergänglich und welkt innerhalb weniger Stunden, es öffnen sich aber ständig neue Knospen.

● *Cistus ladanifer,* die Lack-Zistrose, schmückt sich mit strahlend weißen, am Grunde rotbraun gefleckten Blüten.
● *Cistus laurifolius,* die Lorbeerblättrige Zistrose, blüht ebenfalls weiß, aber mit gelber Blütenmitte.
● *Cistus x aguilari* wartet mit fast handtellergroßen, weißen Blüten auf.
● *Cistus x purpureus* überzieht sich mit unzähligen rosafarbenen Blüten.
Blütezeit: Februar bis Juni.
Familie: Zistrosengewächse *(Cistaceae).*

Herkunft: Mittelmeerraum, Südwesteuropa, Nordafrika.
Standort: Im Sommer sonnig und warm. Im Winter hell und kühl bei 5 bis 10°C.
Verwendung: Kalthaus und kühl temperiertes Haus.
Pflege: Im Sommer reichlich gießen und alle 2 Wochen schwach düngen. Im Winter nur mäßig gießen. Häufig lüften. Rückschnitt kann nach der Blüte erfolgen. Bodendecker müssen kräftig zurückgenommen werden. Jungpflanzen mehrfach entspitzen.
Vermehrung: Durch Aussaat oder Kopfstecklinge im Frühjahr.

Schädlinge, Krankheiten: Bei schlechter Lüftung kann Grauschimmel auftreten.
Unser Tip: Zistrosen wachsen am besten, wenn sie in Grund- oder Trogbeete ausgepflanzt werden.

Typisch für Zitrusfrüchte: gleichzeitiges Blühen und Fruchten.

Stilecht steht dieser Zitronenbusch im Terrakotta-Kübel.

Citrus
Zitrusfrüchte

Wie kaum eine andere Pflanze symbolisieren Zitronen und Orangen den sonnenverwöhnten Süden. Nicht nur die leuchtend gefärbten Früchte, auch die unvergleichlich duftenden Blüten machen den Reiz der vielen *Citrus*-Arten aus. Selbst bei eher beengten Verhältnissen kann man sich eine kleine Sammlung dieser zugleich blühenden und fruchtenden, meist immergrünen Bäumchen anlegen.

● *Citrus limon,* die Zitrone, ist sehr wuchsstark.
● *Citrus reticulata,* die Mandarine, und *Citrus x nobilis,* die Clementine, bleiben zierlich, blühen und fruchten üppig.
● *Citrus aurantium,* die Pomeranze, bildet einen formschönen Strauch und wächst sehr willig.
● *Fortunella margarita,* die Kumquat, besitzt auffallend leuchtende Früchte und ist leicht zu ziehen.
● *Poncirus trifoliata,* die Bitterorange, gilt ebenfalls als robust und bildet schmückende, aber ungenießbare Früchte.
Blütezeit: Nahezu ganzjährig.
Familie: Rautengewächse *(Rutaceae).*
Herkunft: Asien, Westindien.
Standort: Sonnig. Im Sommer warm, im Winter kühl bei 5 bis 10°C. Saures Substrat.
Verwendung: Kalthaus und temperiertes Haus. Schön zu anderen Mittelmeergewächsen wie Erdbeerbaum, Granatapfel, Pistazie, Lorbeer und Zistrose.
Pflege: Im Sommer nur mäßig, aber regelmäßig gießen, im Winter sehr sparsam. Der Ballen darf niemals austrocknen, aber unbedingt Staunässe vermeiden. Nur kalkfreies Wasser verwenden. Von April bis August wöchentlich schwach düngen. Bei Bedarf kann zurückgeschnitten werden, am besten im zeitigen Frühjahr.
Vermehrung: Durch halbreife Kopfstecklinge im Frühjahr und Sommer, aber schwierig. Auch die Anzucht aus Samen gekaufter Früchte ist möglich, allerdings blühen und fruchten die Sämlinge oft nicht. Nur veredelte Pflanzen blühen sicher.
Schädlinge, Krankheiten: Blattvergilbung (Chlorose) durch Staunässe oder kalkhaltiges Wasser. Schildläuse, Spinnmilben.
Unser Tip: Viele *Citrus*-Arten können als Hochstämmchen gezogen werden.
Warnung: Manche *Citrus*-Arten haben Dornen, an denen man sich verletzen kann.

Kleine Sammlung im Kalthaus: Zitronen, Chinotto, Kumquat, Calamondin und Feigen.

Kolumneen gibt es in vielen Arten und Sorten.

Die Blätter werden auf Hawaii zum Dachdecken genutzt.

Columnea
Kolumnee

Wie leuchtende Kolibris schweben die orangefarbenen oder roten Röhrenblüten über dem immergrünen Laub der kletternden, hängenden oder kriechenden Kolumneen. Im Handel sind viele Arten dieses Blütenstrauchs, die alle leicht zu halten sind. In ihrer Heimat leben Kolumneen meist in den Kronen von Tropenbäumen. Sie eignen sich deshalb auch gut als Ampelschmuck.
Blütezeit: Je nach Art und Sorte verschieden.
Familie: Gesneriengewächse *(Gesneriaceae).*

Herkunft: Mittelamerika.
Standort: Halbschattig bei hoher Luftfeuchte. Ganzjährig warm mit kurzer Kaltperiode im Winter.
Verwendung: Warm temperiertes Haus und Warmhaus.
Pflege: Gleichmäßig feucht halten, nur kalkfreies Wasser verwenden. Wöchentlich schwach düngen. Im Dezember und Januar kühler (10 bis 15°C) und trockener halten, damit Blüten ansetzen.
Vermehrung: Durch Kopf- oder Teilstecklinge, Bewurzelung bei 25°C.
Schädlinge, Krankheiten: Zugluft und trockene Luft verursachen Laubabwurf.

Cordyline
Keulenlilie

Keulenlilien sind tropische Bäume und Sträucher, deren Krone aus einem dichten Schopf schwertförmiger Blätter besteht. Bei den Sorten von *Cordyline fruticosa,* einer rein tropischen Art, sind die Blätter gelb, rosa, rot oder bunt gestreift. Die übrigen Arten eignen sich für das Kalthaus, so etwa die schmalblättrige *Cordyline australis* oder die zierliche *Cordyline indivisa.*
Blütezeit: Blüten werden nur selten gebildet.
Familie: Agavengewächse *(Agavaceae).*
Herkunft: Südostasien,

Australien, Pazifische Inseln und Neuseeland.
Standort: Sonnig. *Cordyline fruticosa* ganzjährig warm, die anderen Arten kühl.
Verwendung: *Cordyline fruticosa* Warmhaus, die anderen Arten Kalthaus.
Pflege: Ganzjährig nur mäßig feucht, im Winter fast trocken halten. Von April bis August alle 4 Wochen schwach düngen.
Vermehrung: Durch Abmoosen des Blattschopfes oder Stammstecklinge.
Schädlinge, Krankheiten: Im Winter oft lüften, um Herzfäule zu vermeiden.
Unser Tip: Pflanze wird oft als *Dracaena* geführt.

Auffallend ist die ungewöhnliche Wuchsform.

Laternenbäume werden ähnlich wie Azaleen gepflegt.

Corokia
Zickzackstrauch

Anspruchsloser Strauch mit bizarr gebogenen Zweigen und dunkler Rinde. Die Pflanze ist nur spärlich mit winzigen Blättern belaubt. Vom Spätwinter an erscheinen viele kleine, gelbe Sternblüten, aus denen sich Beeren entwickeln.

● *Corokia cotoneaster* wächst besonders grotesk und sehr langsam. Sie wird selten höher als 3 m.

● *Corokia buddleioides* zeigt ein weniger ausgeprägtes Zickzackmuster, wächst etwas stärker und ist üppiger belaubt.

Blütezeit: Februar bis Mai.

Familie: Steinbrechgewächse *(Saxifragaceae).*

Herkunft: Neuseeland.

Standort: Sonnig bis halbschattig, im Winter kühl.

Verwendung: Kalthaus und kühl temperiertes Haus.

Pflege: Im Sommer gleichmäßig feucht halten, im Winter nur wenig gießen. Von März bis August alle 2 Wochen schwach düngen.

Vermehrung: Ganzjährig durch Stecklinge.

Schädlinge, Krankheiten: Wurzelfäule bei Staunässe.

Unser Tip: Die Wuchsform kommt vor hellem Hintergrund gut zur Geltung.

Crinodendron
Laternenbaum

Laternenbäume sind immergrüne Gehölze, deren Blüten wie Laternen an den Zweigen hängen.

● *Crinodendron hookerianum* bildet je nach Überwinterungstemperatur vom Frühjahr bis in den Herbst karminrote Blüten, wächst langsam und wird höchstens 3 m hoch.

● *Crinodendron patagua* trägt Blüten wie übergroße Maiglöckchen, aus denen sich cremeweiße und rote Früchte entwickeln. Sie wächst rascher und üppiger. Die sehr temperaturabhängi-

ge Blüte kann bis in den Winter anhalten.

Blütezeit: Je nach Temperatur, Mai bis Oktober.

Familie: Ölfruchtgewächse *(Elaeocarpaceae).*

Herkunft: Chile.

Standort: Halbschattig bis schattig. Lockeres, saures Substrat.

Verwendung: Kalthaus und kühl temperiertes Haus.

Pflege: Regelmäßig nur mit kalkfreiem Wasser gießen. Von April bis August alle 2 Wochen schwach düngen.

Vermehrung: Durch Kopfstecklinge im August oder durch Aussaat.

Schädlinge, Krankheiten: Häufiges Lüften beugt Pilzkrankheiten vor.

Alte Pflanzen sind kostspielige Schmuckstücke.

Zypergras nur mit abgestandenem, warmem Wasser gießen.

Cycas revoluta
Palmfarn

Mit seinen ledrigen, gefiederten Wedeln, die in der Jugend wie Schnecken aufgerollt sind, erinnert dieses urweltliche Gewächs zugleich an Palmen und Farne. Palmfarne wachsen sehr langsam, erst im Alter bilden sie einen kurzen Stamm. Ihre Wedel können bis zu 2 m lang werden, ältere Exemplare sind breitausladende, ornamentale Schmuckstücke.

Familie: Palmfarngewächse *(Cycadaceae)*.
Herkunft: Südostasien.
Standort: Halbschattig bis schattig bei hoher Luftfeuchte. Durchlässiges, sandiges Substrat.
Verwendung: Für alle Häuser geeignet.
Pflege: Mäßig gießen, Staunässe vermeiden. Im Sommer alle 2 Wochen schwach düngen.
Vermehrung: Durch Aussaat oder Seitentriebe bei älteren Pflanzen, aber schwierig.
Schädlinge, Krankheiten: Bei Staunässe tritt Wurzelfäule auf. Schildläuse.
Unser Tip: Für das Warmhaus eignet sich vor allem *Cycas circinalis. Cycas media* wird nicht so ausladend und eignet sich für temperiertes Haus und Warmhaus.
Warnung: Palmfarne sind in allen Teilen giftig.

Cyperus
Zypergras, Papyrus

Der mächtige Papyrus, *Cyperus papyrus,* ist mit seinen etwa 3 m hohen, dreikantigen Trieben und den grazilen Blütenschöpfen ein Schmuck im Wintergarten. Auch die kleineren Verwandten sind eine filigrane Zierde.
● *Cyperus albostriatus* trägt breitere Blätter.
● *Cyperus alternifolius,* das Zypergras, wird etwa 1 m hoch und ist auch als weißgestreifte Sorte erhältlich.

Blütezeit: Ganzjährig.
Familie: Sauer- oder Riedgräser *(Cyperaceae)*.
Herkunft: Afrika.
Standort: Sonnig bis halbschattig. Im Sommer warm, im Winter etwas kühler. Gefäße mit Staunässe.
Verwendung: Für alle Häuser geeignet, besonders günstig: integrierte Wasserbecken.
Pflege: Ständig naß halten, im Winter Erde nur leicht feucht und kühler. Von April bis August alle 2 Wochen sehr schwach düngen.
Vermehrung: Durch Teilung oder Aussaat. Zypergras auch durch Kopfstecklinge.
Schädlinge, Krankheiten: Nur mit abgestandenem, warmem Wasser gießen, sonst droht Wurzelfäule.

Schlanke, hängende Trompeten von Datura rosei.

Breite, weiße Trichterblüte einer Hybride.

Datura (neuerdings Brugmansia)
Engelstrompete, Stechapfel

○ ◐ Ⓚ 🛈 ☠ ⚠

Mit ihren einzigartigen Blüten werden Engelstrompeten ihrem Namen wahrhaft gerecht.
Die krautigen, baumoder strauchartigen Pflanzen ordnet man neuerdings verschiedenen Gattungen zu, sie sind aber immer noch oft als *Datura* im Handel.

● *Datura x candida* ist eine weißblühende Hybride.
● *Datura rosei,* auch als *Datura sanguinea* oder *Brugmansia sanguinea* bekannt, blüht über den Winter rötlich-gelb.
● *Datura suaveolens* hat schräg nach unten abstehende, relativ kleine Blüten. Die rosafarbene Variante ist dagegen großblumig.
● *Datura mollis* schmückt sich mit rosa Trompeten.
● *Datura insignis* wächst eher schwach, es gibt eine weiße und eine rosafarbene Form.
● *Datura versicolor* bleibt zwar zierlich im Wuchs, trägt aber bis 50 cm lange Blüten. Sie verfärben sich von Weiß nach Apricot.
● Auch alle Hybriden eignen sich für den Wintergarten. Hier hat man die Qual der Wahl zwischen Blütenfarben in allen Tönen von Weiß, Gelb, Rosa, Rot bis Orange und Blütenformen von langgestreckten Trompeten bis hin zu kurzen, gefüllten Blumenröckchen. Bevorzugen Sie schwachwüchsige Sorten, sonst werden die Pflanzen schnell zu groß für den Wintergarten.

Blütezeit: Juli bis Oktober, *Datura rosei* von September bis April.
Familie: Nachtschattengewächse *(Solanaceae).*
Herkunft: Südamerika.
Standort: Sonnig bis halbschattig. Keine Zugluft.
Verwendung: Kalthaus und temperiertes Haus.
Pflege: Reichlich gießen. In möglichst große Kübel setzen. Von April bis August wöchentlich düngen. Verblühtes entfernen. Bei Bedarf im zeitigen Frühjahr zurückschneiden, die Pflanzen vertragen auch einen rigorosen Rückschnitt.
Vermehrung: Durch Kopfstecklinge im Frühjahr und Sommer.
Schädlinge, Krankheiten: Spinnmilben, Weiße Fliege.
Unser Tip: Bricht man die an der Basis hervorkommenden Triebe immer wieder aus, bilden Engelstrompeten, schlanke Stämme und wachsen nicht so ausladend wie sonst üblich.
Warnung: Alle Arten sind giftig. Der starke Blütenduft kann Kopfschmerzen verursachen.

Erst überreif schmecken die Früchte gut.

Drazänen sind das ganze Jahr über ansprechend.

Diospyros kaki
Kakipflaume

Kakipflaumen bilden kleine Bäume mit regelmäßiger runder Krone. Im Kübel wachsen sie sehr langsam und werden selten höher als 3 m. Die tomatenähnlichen Früchte verfärben sich von Grün über Gelb nach Rot. Sie schmecken am besten, wenn sie nach dem Laubfall im Spätherbst geerntet werden und schon überreif und druckempfindlich sind. Dann haben sie ihre unangenehmen Gerbstoffe verloren.
Blütezeit: Juni bis August.
Familie: Ebenholzgewächse *(Ebenaceae)*.
Herkunft: Südostasien.
Standort: Sonnig. Im Sommer warm, im Winter kühl.
Verwendung: Kalthaus, kühl temperiertes Haus.
Pflege: Gleichmäßig feucht, im Winter nach dem Laubfall trockener halten. Von April bis August wöchentlich düngen. Im Februar/März totes Holz herausnehmen und Pflanze in Form schneiden.
Vermehrung: Aussaat.
Unser Tip: Kakipflaumen lassen sich auch am Spalier ziehen. Für reichen Fruchtansatz sollte man den Blütenstaub mit weichem Pinsel von Blüte zu Blüte übertragen.

Dracaena draco
Drachenbaum, Drachenlilie, Drazäne

Dracaena draco, der Drachenbaum, ist das Wahrzeichen der Kanarischen Inseln. Dort wächst er zu einem breitkronigen Baum und stattlichem Alter heran. Im Kübel bildet er erst nach mehreren Jahren einen Stamm aus. Dekorativ wirkt er aber von Jugend an wegen seiner steifen, graugrünen, schwertförmigen Blätter.
Familie: Agavengewächse *(Agavaceae)*.
Herkunft: Tropen und Subtropen Afrikas und Asiens.
Standort: Hell bis halbschattig, nicht vollsonnig.
Verwendung: Für alle Häuser geeignet, besonders für das Kalthaus.
Pflege: Gleichmäßig feucht halten und alle 2 Wochen schwach düngen.
Vermehrung: Durch Aussaat oder Stecklinge.
Schädlinge, Krankheiten: Staunässe führt zu Wurzelfäule.
Unser Tip: Viele *Dracaena*-Arten eignen sich als Blattschmuck für Warmhäuser, so etwa *Dracaena marginata* mit gestreiften Blättern, *Dracaena fragrans* mit grüngelben Blättern oder *Dracaena surculosa var. maculata* mit weiß gesprenkeltem Laub.

Ensete ventricosum
Zierbanane

Bananen gelten wegen ihrer palmenartigen Blätter als Inbegriff tropischer Fülle.

Ensete ventricosum, die Zierbanane, wächst im Warmhaus sehr rasch. Ihre Wedel werden schon nach wenigen Jahren bis 6 m lang und über 1 m breit. Zierbananen blühen bei uns kaum, erst ältere Pflanzen können unter günstigen Umständen Blüten ansetzen.

Familie: Bananengewächse *(Musaceae).*

Herkunft: Afrika.

Standort: Sonnig bis halbschattig, ganzjährig warm.

Verwendung: Temperiertes Haus oder Warmhaus.

Pflege: Im Sommer reichlich gießen, im Winter trockener halten. Von April bis August alle 2 Wochen kräftig düngen.

Vermehrung: Durch Aussaat im Januar/Februar.

Schädlinge, Krankheiten: Trockene Luft vermeiden, sonst droht Spinnmilbenbefall. Immer nur auf das Substrat gießen, denn stehendes Wasser in den Blattscheiden kann zu Fäulnis führen.

Unser Tip: Werden die Stauden zu groß, kann man im Herbst alle Blätter zurückschneiden. Nach kühler Überwinterung treiben sie wieder kräftig aus.

Die Zierbanane braucht viel Platz zu ihrer Entwicklung.

Wollmispeln nennt man auch Loquats.

Die Blüten bestehen aus auffälligen Staubblättern.

Eriobotrya japonica
Wollmispel, Japanmispel

Wollmispeln sind in den Mittelmeerländern geschätzte Obstbäume. Ihre pflaumengroßen Früchte vereinen erfrischende Säure mit angenehmer Süße und liefern das erste Obst im Wintergarten. Sie entstehen ab Mai aus den cremeweißen, duftenden Blüten vom Herbst des Vorjahres. Die immergrünen Bäume tragen große, unterseitig weißwollig behaarte Blätter und werden erst im Alter etwa 5 m hoch. Strauchförmig gezogen bleiben sie niedriger.

Blütezeit: September bis Oktober.
Familie: Rosengewächse *(Rosaceae)*.
Herkunft: China, Japan.
Standort: Sonnig bis halbschattig.
Verwendung: Kalthaus oder kühl temperiertes Haus.
Pflege: Im Sommer reichlich gießen und von April bis August alle 2 Wochen düngen. Für reichen Blütenansatz ist im Winter ein kühler Stand (um 10°C) erforderlich.
Vermehrung: Durch Aussaat nach der Fruchtreife oder Kopfstecklinge (langwierig).
Schädlinge, Krankheiten: Blätter nicht besprühen, sonst droht Schorfbefall.

Eucalyptus
Eukalyptus, Blaugummibaum

Den Duft und Geschmack des Eukalyptus kennt jeder von Hustenbonbons. Die raschwüchsigen Bäume sind aber auch wegen ihres blaugrünen Laubes beliebt, das seine Form mit zunehmendem Alter verändert.
● *Eucalyptus globulus, Eucalyptus gunnii* und der nach Zitronen duftende *Eucalyptus citriodora* gelten als die schönsten Arten. Wenn sie schon nach wenigen Jahren sehr groß werden, zieht man sie am besten neu aus Samen nach.

● *Eucalyptus ficifolia* treibt hellrote Büschelblüten.
Blütezeit: Sommer (selten).
Familie: Myrtengewächse *(Myrtaceae)*.
Herkunft: Australien.
Standort: Sonnig, im Winter bei 5 bis 10°C.
Verwendung: Temperiertes Haus.
Pflege: Im Sommer reichlich gießen, nur kalkfreies Wasser verwenden. Nicht düngen. Nach Belieben in Form schneiden.
Vermehrung: Durch Aussaat im Januar/Februar (leicht) oder durch Kopfstecklinge (langwierig).
Schädlinge, Krankheiten: Staunässe führt zu Wurzelfäule.

Fatsia japonica
Aralie, Zimmeraralie

○ ◑ Ⓚ ⛨ ☠

Aralien sind bekannte und beliebte Zimmerpflanzen, die oft unter trockener Heizungsluft leiden. Sie finden im Wintergarten weitaus bessere Bedingungen und sind ein herrlicher Blattschmuck. Ältere Pflanzen zeigen hier auch ihre ungewöhnlichen, weißen Blüten und fleischige, schwarze Beeren.

Blütezeit: Nur bei älteren Pflanzen von August bis Dezember.

Familie: Araliengewächse *(Araliaceae).*

Herkunft: Ostasien.

Standort: Hell bis halbschattig, aber nicht vollsonnig bei hoher Luftfeuchte. Im Sommer warm, im Winter kühl (um 10°C).

Verwendung: Kalthaus und temperiertes Haus.

Pflege: Im Sommer reichlich, im Winter mäßig gießen. Von März bis August alle 2 bis 3 Wochen schwach düngen.

Vermehrung: Durch Kopfstecklinge oder Abmoosen.

Schädlinge, Krankheiten: Bei trockener Luft können Spinnmilben auftreten.

Unser Tip: Abwechslung bringt 'Variegata', eine Sorte mit cremeweiß gezeichneten Blättern.

Warnung: Die Pflanze ist giftig.

Die großen, lackartig glänzenden Blätter sind eindrucksvoller Schmuck.

Birkenfeigen in einer Gruppe sind eine elegante Bepflanzung im Wintergarten.

Feigen setzen im Herbst und Frühjahr Früchte an.

Der Gummibaum steht am besten im Warmhaus.

Ficus
Feigenbaum

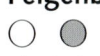

Klassischer Vertreter dieser arten- und sortenreichen Gattung ist der Echte Feigenbaum, *Ficus carica.* Sein Laub und seine mildsüßen Früchte machen ihn zu einer beliebten Pflanze, auch für den Wintergarten. Die angebotenen Sorten setzen ohne Bestäubung samenlose Früchte an.

● *Ficus elastica,* der Gummibaum, ist wegen seinen großen, lackglänzenden Blätter beliebt.

● *Ficus benjamina,* die Birkenfeige, hat einen eleganten, leicht überhängenden Wuchs.

● *Ficus lyrata,* die Geigenfeige, trägt riesige, an Geigenkästen erinnernde Blätter.

● *Ficus rubiginosa* wird vor allem als buntblättrige Sorte angeboten und wächst zu einem stattlichen Strauch heran. Auch viele niederliegende oder kletternde *Ficus*-Arten eignen sich für den Wintergarten.

● *Ficus pumila,* der Kletter-*Ficus,* klimmt ähnlich wie Efeu mit Haftwurzeln empor, kann aber auch als Bodendecker gezogen werden.

● *Ficus sagittata* klettert ebenfalls und trägt kleine, spitze Blätter.

Blütezeit: *Ficus carica* von Juni bis September. Die übrigen Arten blühen bei uns nicht.

Familie: Maulbeerbaumgewächse *(Moraceae).*

Herkunft: Tropen und Subtropen.

Standort: Je nach Art sehr hell bis schattig, aber nicht vollsonnig (außer *Ficus carica).* Hohe Luftfeuchte und viel Bodenwärme.

Verwendung: Kalthaus-Arten: *Ficus carica, Ficus benjamina, Ficus rubiginosa, Ficus pumila.* Warmhaus-Arten: *Ficus elastica, Ficus lyrata, Ficus pumila, Ficus montana, Ficus sagittata, Ficus villosa.* Auch als Bodendecker oder für Spaliere.

Pflege: Mäßig, aber regelmäßig gießen. Kalthauspflanzen im Winter sehr sparsam gießen. Staunässe unbedingt vermeiden. Von April bis August alle 2 Wochen schwach düngen. Mehrfaches Einkürzen der Zweige bewirkt buschigeren Wuchs.

Vermehrung: Durch Kopfstecklinge. Aufrecht wachsende Arten besser durch Abmoosen.

Schädlinge, Krankheiten: Schildläuse, Spinnmilben. Durch zu viel Gießen leiden die Wurzeln, Blattfall ist die Folge.

Unser Tip: Von mehreren Arten sind auch weiß- oder gelbbunte Sorten im Handel.

Früher steckte man sich die Blüten ins Knopfloch.

Rotblühende Grevillea thelemanniana.

Gardenia jasminoides
Gardenie

Die rahmweißen, an Kamelien erinnernden Blüten der Gardenie verströmen einen betörenden Duft. Sie heben sich vom immergrünen, ledrigen Laub gut ab. Angeboten werden nur gefüllt blühende Sorten. Junge Pflanzen blühen besonders reich, ziehen Sie deshalb nach einigen Jahren neue Pflanzen als Ersatz heran.
Blütezeit: März bis Oktober, je nach Sorte.
Familie: Krappgewächse *(Rubiaceae)*.
Herkunft: Ostasien.
Standort: Sehr hell, vor Mittagssonne geschützt. Im Sommer warm, während der Ruhezeit im Winter bei 12 bis 15°C. Saures Substrat.
Verwendung: Temperiertes Haus oder Warmhaus.
Pflege: Im Sommer gleichmäßig feucht halten, nur kalkfreies Wasser verwenden. Für hohe Luftfeuchte sorgen. Von April bis August alle 2 Wochen schwach düngen. Im Winter trockener halten.
Vermehrung: Durch Kopfstecklinge im Frühjahr oder Spätsommer.
Schädlinge, Krankheiten: Gelbe Blätter durch kalkhaltiges Wasser oder zu kalten Stand. Bei trockener Luft Spinnmilben.

Grevillea
Silbereiche, Seideneiche

Die exotischen Blüten, die entfernt Zahnbürsten ähneln, entwickeln bei uns nur einige Arten, oft erst an alten Pflanzen. Alle Silbereichen sind jedoch elegante Bäume mit attraktivem, doppelt gefiedertem, silberfarbenem Laub.
● *Grevillea banksii, Grevillea thelemanniana* und *Grevillea x semperflorens* gehören zu den zuverlässigsten Blühern.
● *Grevillea robusta* ist auch als Zimmerpflanze beliebt, sie wächst sehr willig.
Blütezeit: Ganzjährig.
Familie: Proteusgewächse *(Proteaceae)*.
Herkunft: Australien.
Standort: Sonnig, im Sommer auch halbschattig.
Verwendung: Kalthaus und temperiertes Haus.
Pflege: Stets vorsichtig und nur mit kalkfreiem Wasser gießen, den Erdballen nur leicht feucht halten. Von April bis August alle 3 Wochen schwach düngen.
Vermehrung: Durch Aussaat (oft langwierig) oder halbverholzte Stecklinge im August.
Unser Tip: Vermeiden Sie zu dunklen Stand und zuviel Dünger. Die Pflanze wächst sonst zu hoch.

Lachsfarbene Sorte mit zarter Aderung.

Kräftig karminrosa Sorte mit goldenen Staubgefäßen.

Hibiscus-Rosa-Sinensis-Hybriden
Hibiskus, Roseneibisch

Die weit aufspringenden Blüten des Hibiskus mit hoch herausragenden Staubblattsäulen lassen den Traum von Südsee und tropischer Farbenpracht wahr werden. Die »Blumen der schönen Träume« sind die Nationalblumen von Hawaii und Malaysia. In allen Ländern der Tropen werden sie in unzähligen Sorten als Ziersträucher gepflanzt. Die Palette reicht von ungefüllten zu gefüllten Blüten in vielen Farben von Weiß über

Gelb bis Rot. Für die Zimmerkultur werden die Sträucher mit Wachstumregulatoren behandelt, damit sie klein und kompakt bleiben. Nach einiger Zeit beginnen sie aber wieder normal zu wachsen und entwickeln sich rasch zu üppigen Sträuchern von mehr als 1 m Höhe.
Blütezeit: März bis Oktober.
Familie: Malvengewächse *(Malvaceae)*.
Herkunft: Unbekannt, wahrscheinlich tropisches Asien.

Standort: Sonnig. Ganzjährig warm. Bei Temperaturen um 20°C blüht die Pflanze auch im Winter.
Verwendung: Temperiertes Haus und Warmhaus. Schön zu Palmen und Orchideen.
Pflege: Während des Wachstums reichlich gießen, aber Staunässe vermeiden. Von April bis August wöchentlich düngen. Bei warmem Stand im Winter zusätzlich von September bis März alle 4 Wochen schwach düngen. Jedes zweite Jahr alle Triebe im Mai um die Hälfte zurückschneiden.
Vermehrung: Durch halbverholzte Stecklinge im Mai.

Schädlinge, Krankheiten: Knospenfall durch Standortwechsel. Starke Temperaturschwankungen und Trockenheit führen zu Blattfall. Bei trockener Luft oft Spinnmilben.
Unser Tip: Hibiskus ist oft auch als Hochstämmchen erhältlich.

Die Blütenfarbe gab der Pflanze ihren Namen.

»Falscher Palisander« trägt farnartiges Laub.

Iochroma cyaneum
Veilchenstrauch

Die röhrenförmigen, violettblauen Blüten des Veilchenstrauchs stehen in Büscheln an den Triebspitzen. Das Laub ist weich behaart und bleibt im Warmhaus im Winter erhalten. Die Spreizklimmer verkeilen sich mit ihren langen, brüchigen Zweigen in den Streben eines Spaliers und sind ein dekorativer Wandschmuck.
Blütezeit: Juli bis Oktober, auch ganzjährig.
Familie: Nachtschattengewächse *(Solanaceae).*
Herkunft: Kolumbien.
Standort: Sonnig bis halbschattig.

Verwendung: Für alle Häuser geeignet, am schönsten im Warmhaus.
Pflege: Im Sommer reichlich, im Winter weniger gießen. Von April bis August wöchentlich düngen. Pflanze aufbinden. Rückschnitt nach der Blüte möglich, danach längere Blühpause. Ungeschnitten blüht sie oft ganzjährig.
Vermehrung: Durch unverholzte Stecklinge im Sommer. Möglichst nur blühwillige Pflanzen vermehren.
Schädlinge, Krankheiten: Trockene Luft vermeiden, sonst Spinnmilbenbefall.
Warnung: Die Pflanze ist in allen Teilen giftig.

Jacaranda mimosifolia
Jacaranda

Im Winter hüllt die Jacaranda ihre unbelaubten, lockeren Äste in blaue Blütenwolken. In der Jacaranda-Stadt Pretoria sorgen unzählige dieser tropischen Bäume für ein unvergleichliches Straßenbild. Wer im Winter viel Licht im Glashaus möchte, hat mit der Jacaranda eine gute Wahl getroffen, denn sie wirft ihr Laub fast vollständig ab. Der Baum liefert ein weiches Holz für die Schnitzerei und wird oft auch unter dem falschen Namen »Palisander« angeboten.
Blütezeit: Februar bis Mai.

Familie: Trompetenbaumgewächse *(Bignoniaceae).*
Herkunft: Brasilien, Argentinien.
Standort: Sonnig und warm.
Verwendung: Temperiertes Haus und Warmhaus.
Pflege: Im Sommer reichlich gießen, im Winter trockener halten. Von April bis August alle 2 Wochen düngen. Durch Rückschnitt nach der Blüte kann der Baum relativ klein gehalten werden.
Vermehrung: Durch Aussaat oder halbverholzte Kopfstecklinge im Sommer.
Unser Tip: Das Fallaub schnell entfernen, es riecht unangenehm.

Jasmin ist Bestandteil vieler Parfums.

Die Blüten erinnern an Flieder.

Jasminum
Jasmin

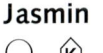

Der Jasmin ist ein wegen seines berauschenden Duftes beliebter Kletterstrauch.
- *Jasminum sambac*, der Arabische Jasmin, wächst sehr langsam.
- *Jasminum officinale*, der Dichterjasmin, ziert mit schönem Laub und weißen Blüten.
- *Jasminum polyanthum* trägt weißrosa Blüten und wächst üppig und schnell.

Blütezeit: *Jasminum sambac* ab Mai, *Jasminum officinale* Juni bis Oktober, *Jasminum polyanthum* Januar bis Mai.
Familie: Ölbaumgewächse *(Oleaceae)*.

Herkunft: Westchina, *Jasminum sambac* Ostindien.
Standort: Sonnig und warm. In großen Gefäßen mit humosem Substrat.
Verwendung: *Jasminum polyanthum* und *Jasminum officinale* Kalthaus, *Jasminum sambac* temperiertes Haus und Warmhaus.
Pflege: Im Sommer mäßig gießen, im Winter trockener halten. Im Frühjahr und Sommer alle 2 Wochen düngen. Kletterhilfe geben, Triebe aufbinden. Nach der Blüte zurückschneiden.
Vermehrung: Stecklinge.
Warnung: Der intensive Duft kann Kopfschmerzen verursachen.

Lagerstroemia indica
Kreppmyrte, Lagerstroemie

Den Namen Kreppmyrte trägt der laubabwerfende Baum wegen seiner gekrausten Blütenblätter. Die reiche Blüte verhalf ihm zur Auszeichnung »Queen of Flowers« – Königin der Blumen. Es gibt viele Sorten, die weiß, rosa, rot oder violett blühen.
Blütezeit: August bis November.
Familie: Weiderichgewächse *(Lythraceae)*.
Herkunft: China, Korea.
Standort: Sonnig.
Verwendung: Kalthaus und temperiertes Haus.

Pflege: Im Sommer regelmäßig gießen. Von April bis August alle 2 Wochen düngen. Nach der Blüte dünne Triebe vollständig entfernen, die dickeren, alten Triebe kräftig einkürzen. Pflanze blüht nur an der Spitze der dicken Neutriebe.
Vermehrung: Durch Aussaat oder Kopfstecklinge im Sommer.
Schädlinge, Krankheiten: Bei zu schwachem Schnitt wird die Pflanze leicht von Mehltau oder Grauschimmel befallen. Wird im Sommer nicht ausreichend gegossen, nimmt das Laub bereits im Sommer Herbstfärbung an.

So üppig blüht der Lorbeer selten.

Die kräftig orangefarbenen Blüten sind weich behaart.

Laurus nobilis
Lorbeer

Der Lorbeer ist eine der ältesten Kübelpflanzen. Zu stattlichen Hochstämmen oder Pyramiden gezogen zierten Lorbeerbäume viele Orangerien. Der Lorbeer ist sehr dekorativ und nimmt Pflegefehler nicht sonderlich übel. Das immergrüne Laub kann ganzjährig als Küchenwürze verwendet werden.

Blütezeit: Nur ungeschnittene Pflanzen blühen von März bis Mai.
Familie: Lorbeergewächse (Lauraceae).
Herkunft: Mittelmeerraum.

Standort: Sonnig bis schattig, im Winter kühl um 5°C.
Verwendung: Kalthaus.
Pflege: Mäßig gießen, aber nie austrocknen lassen. Von April bis August wöchentlich düngen. Bei Bedarf im Frühjahr zurückschneiden.
Vermehrung: Durch Stecklinge im Frühjahr.
Schädlinge, Krankheiten: Schildlausbefall läßt sich durch häufiges Lüften vermeiden.
Unser Tip: Lorbeer kann als Stämmchen, Pyramide und in anderen Formen gezogen werden. Beim Formschnitt ganze Triebspitzen entfernen, sonst bekommen die Blätter braune Ränder.

Leonotis leonurus
Löwenohr

Der Wintergarten ist der ideale Ort für das seit langem vergessene Löwenohr, das früher sehr verbreitet war. Hier bleibt der an Nesseln erinnernde, etwa 2 m hohe Halbstrauch immergrün, und man kann seine spät einsetzende Blüte den ganzen Herbst hindurch genießen. Die orangefarbenen Röhrenblüten stehen quirlartig in mehreren Etagen an den Trieben und öffnen sich vom Spätsommer an.

Blütezeit: September bis November, auch von August bis März.

Familie: Lippenblütler (Labiatae).
Herkunft: Südafrika.
Standort: Sonnig und warm, im Winter kühl, aber frostfrei.
Verwendung: Kalthaus und temperiertes Haus.
Pflege: Mäßig gießen und von April bis August alle 3 bis 4 Wochen nur schwach düngen. Durch zu reiche Wasser- und Nährstoffversorgung werden die Triebe überlang und brechen leicht ab. Bei Bedarf im Winter die Triebe auf etwa 50 cm zurückschneiden.
Vermehrung: Durch Kopfstecklinge im Januar/Februar. Mehrfach entspitzen.

Die Blüten duften ähnlich wie Gardenien.

Nur Stecklingspflanzen blühen früh.

Mandevilla laxa
Mandeville, Chilenischer Jasmin

○ Ⓚ 🛡 ☠ ⚠

Weiße Trichterblüten mit zartgelbem Schlund, die einen betäubenden Duft verströmen, sind das Markenzeichen der Mandeville. Sie stehen in vielzähligen Trauben an den jungen Triebenden. Der rasch wachsende Schlinger gedeiht am besten ausgepflanzt im temperierten Haus. Dort überzieht er ein Spalier in kurzer Zeit mit seinem frischgrünen Laub.

Blütezeit: Juni bis Oktober.

Familie: Hundsgiftgewächse *(Apocynaceae)*.

Herkunft: Argentinien, Bolivien.

Standort: Sonnig, im Winter kühl um 5°C.

Verwendung: Kalthaus und temperiertes Haus.

Pflege: Im Sommer reichlich gießen, im Winter trockener halten. Von April bis August wöchentlich düngen. Pflanze nach dem Laubfall scharf zurückschneiden.

Vermehrung: Durch Aussaat im Januar/Februar. Jungpflanzen blühen bereits im selben Jahr.

Schädlinge, Krankheiten: Spinnmilben, Blattläuse.

Warnung: Alle Teile der Pflanze sind giftig. Der Blütenduft kann Kopfschmerzen verursachen.

Metrosideros excelsa
Eisenholzbaum, Neuseeländer Weihnachtsbaum

○ Ⓚ 🛡

In seiner Heimat treibt der Baum um Weihnachten, bei uns erst im Sommer eine Fülle von Blüten, die aus weißwolligen Knospen hervorbrechen. Die auffälligen roten Staubgefäße stehen in dichten, runden Büscheln. Das Laub mit weiß-filziger Unterseite ist anfangs kupferrot und färbt sich dann glänzend grün.

Blütezeit: Mai bis Juni.

Familie: Myrtengewächse *(Myrtaceae)*.

Herkunft: Neuseeland.

Standort: Sonnig. Blütenbildung nur bei kühlem Stand im Winter (5 bis 10°C).

Verwendung: Kalthaus und kühl temperiertes Haus.

Pflege: Im Sommer regelmäßig gießen, im Winter etwas trockener halten. Kalkfreies Wasser verwenden. Von April bis August alle 2 Wochen schwach düngen. Nach der Blüte Formschnitt.

Vermehrung: Durch Aussaat oder Kopfstecklinge, aber schwierig.

Schädlinge, Krankheiten: Schildläuse.

Unser Tip: Die kletternden *Metrosideros diffusa* und *Metrosideros fulgens* sind seltene, sehr attraktive Kalthauspflanzen.

Myrten sind traditionelle Kübelpflanzen.

Neben einfachblühenden gibt es auch gefüllte Sorten.

Myrtus communis
Brautmyrte

Mit den Zweigen der Brautmyrte, einem Symbol für Jungfräulichkeit und Reinheit, bindet man nach alter Tradition den Brautkranz und schmückt den Taufstein. Die kleinen, anmutigen Sträucher sind dicht mit immergrünen Blättchen besetzt. Zwischen ihnen erscheinen im Sommer viele zierliche weiße Blüten. Das Laub duftet beim Zerreiben.

Blütezeit: Juni bis Oktober.

Familie: Myrtengewächse *(Myrtaceae)*.

Herkunft: Mittelmeerraum, Vorderasien.

Standort: Sonnig bis halbschattig. Im Winter kühl bei 5 bis 10°C. Saures Substrat.

Verwendung: Kalthaus und kühl temperiertes Haus. Schön zu Lorbeer, Zitrusgewächsen, Azaleen und Oleander.

Pflege: Im Sommer gleichmäßig feucht, im Winter trockener halten. Nur kalkfreies Wasser verwenden. Von April bis August alle 2 Wochen schwach düngen. Im Frühjahr Formschnitt möglich.

Vermehrung: Durch Kopfstecklinge im Frühjahr und Sommer.

Schädlinge, Krankheiten: Schildläuse bei zu warmem Stand im Winter.

Nerium oleander
Oleander

Den Anblick prächtig blühender Oleanderhecken in den südlichen Ländern wird kaum jemand vergessen. Der immergrüne Strauch braucht zur Blüte viel Sonne und Wärme. Im Wintergarten steht er deshalb besonders günstig und setzt reichlich Blüten an. Die Blütenfarben reichen von Weiß über Gelb und Rosa bis Rot.

Blütezeit: Juni bis Oktober, manchmal früher.

Familie: Hundsgiftgewächse *(Apocynaceae)*.

Herkunft: Mittelmeerraum, Asien.

Standort: Sonnig.

Verwendung: Kalthaus und kühl temperiertes Haus.

Pflege: Im Sommer reichlich, im Winter weniger gießen. Von April bis Mai jede Woche düngen. Im Februar/März kann zurückgeschnitten werden, dabei knospentragende Triebe stehen lassen.

Vermehrung: Durch Kopfstecklinge von Juni bis September.

Schädlinge, Krankheiten: Schildläuse, Spinnmilben, Oleanderkrebs, Pilzerkrankung.

Warnung: Oleander ist in allen Teilen sehr giftig.

Oleander besitzt eine trügerische Schönheit – er ist stark giftig.

Die Blütenteile symbolisieren die Marterwerkzeuge Jesu.

Eine besonders ausgefallene Blütenvariante.

Passiflora
Passionsblume

Ein Wintergarten mit vielen Arten der Passionsblume kann sich in ein tropisches Blütenmeer verwandeln. Die Blüten erinnerten ihre Entdecker an die Symbole der Kreuzigung Christi, daher der Name. Das schöne Laub begrünt schnell größere Flächen.

Arten für das Kalthaus:
● *Passiflora caerulea,* die Blaue Passionsblume mit weißen oder blauen Blüten und ungenießbaren Früchten,
● *Passiflora umbilicata,* die kleine, violette Blüten treibt.

Arten für das temperierte Haus:
● *Passiflora violacea,* raschwüchsig und sehr blühfreudig,
● *Passiflora edulis,* die Maracuja oder Purpurgranadilla, mit eßbaren Früchten.
Arten für das Warmhaus:
● *Passiflora racemosa,* die Rote Passionsblume mit scharlachroten Blütentrauben.
● *Passiflora quadrangularis,* die Riesengranadilla, eignet sich nur für große Häuser.
Blütezeit: Je nach Art von März bis November.

Familie: Passionsblumengewächse *(Passifloraceae).*
Herkunft: Tropisches und subtropisches Amerika.
Standort: Sonnig bis halbschattig. Bei kühler Überwinterung wird das Laub teilweise oder ganz abgeworfen.
Verwendung: Je nach Art für Kalthaus, temperiertes Haus oder Warmhaus geeignet.
Pflege: Im Sommer reichlich gießen, aber Staunässe vermeiden. Von März bis August alle 1 bis 2 Wochen düngen. Im Frühjahr kann kräftig zurückgeschnitten werden. Kletterhilfe geben.
Vermehrung: Durch Kopfstecklinge oder Aussaat.

Schädlinge, Krankheiten: Schildläuse, Spinnmilben, Wolläuse.
Unser Tip: Von *Passiflora edulis* gibt es mehrere Varietäten mit unterschiedlicher Fruchtfarbe.

Alle Arten sind hervorragende Blattschmuckpflanzen.

Kletternde Arten werden am besten am Moosstab gezogen.

Philodendron
Philodendron, Baumfreund

○ T W ☠

Philodendren verkörpern mit ihren lackartig glänzenden Blättern und dem dichten Wuchs tropische Üppigkeit. Für den Wintergarten eignen sich besonders die kleinlaubigen und schwachwüchsigen Arten.

● *Philodendron erubescens* hat einen rötlichen Stamm und längliche, dunkelgrüne Blätter, die im Austrieb rot sind.

● *Philodendron ilsemannii* besticht durch weiß marmoriertes Laub.

● *Philodendron scandens* ist eine kleinlaubige Art,

die sich besonders gut zum Beranken oder als Bodendecker eignet.

● *Philodendron bipinnatifidum* hat breitovale, große Blätter.

● *Philodendron selloum* bildet einen Stamm und zeigt hübsch gelapptes Laub.

Kletternde Arten können am Spalier hochgezogen werden, gedeihen aber an einem feuchten Moosstab besonders gut. Auch die überwiegend kleinwüchsigen Neuzüchtungen lassen sich problemlos im Wintergarten ziehen.

Familie: Aronstabgewächse *(Araceae)*.
Herkunft: Tropisches Amerika und Westindien.
Standort: Hell bis halbschattig, ganzjährig warm.
Verwendung: Temperiertes Haus und Warmhaus. Schön als beruhigender Ausgleich zwischen Blütenpflanzen.
Pflege: Ganzjährig gleichmäßig feucht halten. Von März bis August alle 2 Wochen düngen. Für hohe Luftfeuchte sorgen, bei Bedarf übersprühen.
Vermehrung: Durch Kopf- oder Teilstecklinge, auch durch Abmoosen.
Schädlinge, Krankheiten: Schildläuse. Wurzelfäule bei Staunässe.

Unser Tip: Eine kleine Sammlung verschiedener Philodendren ergibt schon für sich alleine eine reizvolle Pflanzung.
Warnung: Der Pflanzensaft kann Haut und Schleimhäute reizen.

Die Blätter sind ungeheuer reißfest.

Pistazien wirken durch schönes Laub und buschigen Wuchs.

Phormium tenax
Neuseeländer Flachs

Eine dichte Rosette aus steifen, schwertförmigen Blättern kennzeichnet die Pflanze. Aus den Blättern dieser robusten Staude werden reißfeste Fasern gewonnen. Interessant sind vor allem die buntlaubigen Sorten, deren Blätter weiße oder gelbe Längsstreifen zeigen oder auch rot bis kupfrig gefärbt sind. Die meist braunroten oder gelben Blüten erscheinen erst bei älteren Pflanzen. Es sind große, verzweigte Rispen, die den Blattschopf weit überragen.

Blütezeit: Juli bis September.
Familie: Liliengewächse *(Liliaceae)*.
Herkunft: Neuseeland.
Standort: Sonnig bis halbschattig.
Verwendung: Kalthaus und temperiertes Haus.
Pflege: Im Sommer reichlich gießen und wöchentlich düngen. Im Winter kühler und trockener halten. Vertrocknete Blätter an der Basis herausschneiden.
Vermehrung: Durch Teilung älterer Pflanzen oder Abtrennen einzelner Triebe.
Warnung: An den scharfen Blattspitzen kann man sich verletzen.

Pistacia
Pistazie

Die schmackhaften Pistazien kann man bei uns nur selten ernten, dafür aber entschädigen das schöne Laub und der buschige Wuchs der Pflanze. Pistazien sind zweihäusig, die unscheinbaren männlichen und weiblichen Blüten werden an unterschiedlichen Pflanzen gebildet. Drei Arten sind hübsche Kalthaussträucher:
● *Pistacia vera,* die halbimmergrüne Echte Pistazie,
● *Pistacia lentiscus,* der immergrüne Mastixstrauch,

● *Pistacia terebinthus,* die sommergrüne Terpentin-Pistazie.
Blütezeit: März bis Juni.
Familie: Sumach- oder Terebinthengewächse *(Anacardiaceae)*.
Herkunft: Mittelmeerraum.
Standort: Sonnig.
Verwendung: Kalthaus und kühl temperiertes Haus.
Pflege: Regelmäßig gießen, im Winter trockener halten. Von April bis August alle 2 Wochen düngen. Im Februar/März kann beliebig in Form geschnitten werden.
Vermehrung: Durch Aussaat.

Klebsame kann beliebig in Form geschnitten werden. *Früchte sind reine Zierde, sie reifen bei uns nicht aus.*

Pittosporum
Klebsame

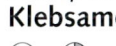

Immergrünes, glänzendes Laub, duftende Blüten und Anspruchslosigkeit machen den Klebsamen zu einer geschätzten Kalthauspflanze. Geeignet sind vor allem drei Arten:
● *Pittosporum tobira* wird bis 5 m hoch, blüht cremeweiß und ist dunkelgrün belaubt,
● *Pittosporum tenuifolium* ist kleinlaubig und blüht dunkelrot,
● *Pittosporum undulatum* hat eine ebenmäßige Krone und am Rand gewellte Blätter.
Aus den Blüten der Klebsamen entstehen Samen,

die in klebriges Fruchtfleisch eingebettet sind.
Blütezeit: März bis Mai.
Familie: Klebsamengewächse *(Pittosporaceae).*
Herkunft: Tropisches und subtropisches Asien, Neuseeland.
Standort: Sonnig bis halbschattig.
Verwendung: Kalthaus und temperiertes Haus.
Pflege: Im Sommer regelmäßig gießen, im Winter trockener halten. Von April bis August alle 2 Wochen düngen. Rückschnitt bei Bedarf im zeitigen Frühjahr.
Vermehrung: Durch halbreife Stecklinge oder Aussaat.
Schädlinge, Krankheiten: Selten Grauschimmel.

Punica granatum
Granatapfel, Granatbaum

Der Granatapfel gehört zu den ältesten Kübelpflanzen. Die Ziersorten bestechen durch ihre schöne, meist gefüllte Blüte vom Frühjahr bis zum Herbst. Sorten wie 'Nana' bleiben zwergwüchsig. Die Nutzsorten sind ebenfalls dekorative Sträucher und haben den Höhepunkt ihrer Blüte im Sommer. Eßbare Früchte werden bei uns aber nur selten gebildet. Im Herbst leuchten die Sträucher in warmen Goldtönen, bis sie schließlich ihr Laub abwerfen.

Blütezeit: Juli bis Oktober.
Familie: Granatapfelgewächse *(Punicaceae).*
Herkunft: Mittelmeerraum, Vorderasien.
Standort: Sonnig. Im Sommer warm, im Winter kühl bei 2 bis 6°C, sonst keine Blüte.
Verwendung: Kalthaus oder kühl temperiertes Haus.
Pflege: Im Sommer reichlich, im Winter nur mäßig gießen und häufig lüften. Von März bis August alle 4 Wochen düngen.
Vermehrung: Durch Kopfstecklinge im Frühsommer.
Warnung: Die Fruchtsorten tragen Dornen.

Azaleen verwandeln den Wintergarten in ein Blütenmeer.

Pfefferbäume sind äußerst robuste Pflanzen.

Rhododendron
Azalee

Die klassischen Zimmerazaleen sind ein unvergleichlicher Schmuck für den Wintergarten. Ihre üppigen weißen, rosafarbenen oder roten Blüten können das Glashaus in ein winterliches Blütenmeer verwandeln. *Rhododendron simsii,* die Indische Azalee, ist besonders großblumig. *Rhododendron kiusianum,* die Japan-Azalee, trägt zartere Blüten.
Blütezeit: Dezember bis April, je nach Art.
Familie: Heidekrautgewächse *(Ericaceae).*
Herkunft: China, Japan.

Standort: Hell bis schattig, nicht vollsonnig. Im Winter kühl bei 5 bis 12°C.
Verwendung: Kalthaus und kühl temperiertes Haus.
Pflege: Im Sommer reichlich, im Herbst und Winter mäßig gießen. Stets kalkfreies Wasser verwenden. Von April bis August alle 2 Wochen düngen. Sommertriebe mehrfach einkürzen.
Vermehrung: Durch Kopfstecklinge (schwierig).
Schädlinge, Krankheiten: Spinnmilben, Chlorose durch kalkhaltiges Wasser.
Unser Tip: Sehr attraktiv sind Hochstämmchen.
Warnung: Azaleen enthalten Giftstoffe.

Schinus
Pfefferbaum

● *Schinus molle,* der Peruanische Pfefferbaum, erinnert mit seiner hängenden Krone an eine Trauerweide. Die sommergrüne Art treibt im Sommer unscheinbare, gelblich-weiße Blüten. Sie entwickeln sich zu karminrosa bis korallenroten, harten Beeren, die den Baum lange zieren.
● *Schinus terebinthifolius,* der immergrüne Brasilianische Pfefferbaum, bildet eine schirmförmige Krone und hat größeres Laub. Beliebt ist er wegen seiner vielen, intensiv roten Beeren.

Pfefferbäume wachsen in der Jugend grazil, im Alter werden sie knorrig.
Blütezeit: Juni bis August.
Familie: Sumach- oder Terebinthengewächse *(Anacardiaceae).*
Herkunft: Mittel- und Südamerika.
Standort: Sonnig.
Verwendung: Kalthaus und temperiertes Haus.
Pflege: Für üppiges Wachstum reichlich gießen und von April bis August wöchentlich düngen. Bei karger Ernährung bleiben die Bäume kleiner. Im Kalthaus den Winter über nur wenig gießen.
Vermehrung: Durch Kopfstecklinge.

Brennend orangerote Blütenvorhänge der Sesbanie.

Nachtschatten tragen hübsche »Kartoffelblüten«.

Sesbania punicea
Sesbanie, »Roter Glyzinenbaum«

Die leuchtend orangeroten Schmetterlingsblüten der Sesbanie erscheinen in dichten Rispen vom Frühjahr bis weit in den Herbst. Die Pflanze erinnert mit ihrem fein gefiederten Laub an Goldregen oder Glyzine.

Blütezeit: März bis Oktober, manchmal bis Dezember.
Familie: Hülsenfrüchtler *(Leguminosae)*.
Herkunft: Argentinien.
Standort: Sonnig bis halbschattig.
Verwendung: Kalthaus und temperiertes Haus.

Pflege: Im Sommer nur mäßig gießen, Staunässe vermeiden. Im Herbst und Winter nur gerade nicht austrocknen lassen. Von April bis August wöchentlich schwach düngen. Im Herbst alle Triebe bis fast auf den Boden zurückschneiden, sonst entwickelt sie sich langsam zu einem Baum.
Vermehrung: Durch halbreife Kopfstecklinge im Sommer.
Schädlinge, Krankheiten: Mehltau. Wurzelfäule durch zuviel Nässe im Winter.
Unser Tip: Die Art ist auch als *Sesbania tripetii* im Handel.

Solanum
Nachtschatten

Inzwischen gibt es eine Fülle hübscher Nachtschatten-Arten für den Wintergarten, die alle auffallende Blüten tragen.
● *Solanum jasminoides* ist ein weißblühender, immergrüner Schlingstrauch.
● *Solanum wendlandii* blüht violett und klettert mit hakenartigen Stacheln.
● *Solanum rantonnetii* ist ein laubabwerfender Strauch mit blauer Blüte.
● *Solanum laciniatum* bildet aus violetten Blüten eigroße, gelb-orangefarbene Früchte.

Blütezeit: Nahezu ganzjährig.
Familie: Nachtschattengewächse *(Solanaceae)*.
Herkunft: Tropen und Subtropen.
Standort: Sonnig.
Verwendung: Für alle Häuser geeignet.
Pflege: Im Sommer reichlich gießen und wöchentlich düngen. Im Winter trockener halten. Im Herbst kräftig zurückschneiden.
Vermehrung: Durch halbreife Kopfstecklinge.
Schädlinge, Krankheiten: Weiße Fliege, Spinnmilben, Viruserkrankungen.
Warnung: In allen Teilen giftig. Bei manchen Arten Verletzungsgefahr durch die Stacheln.

Sparmannia africana
Zimmerlinde

Der baumartige Groß-
strauch mit seinen lind-
grünen, flaumig behaar-
ten Blättern war früher
eine beliebte Zimmer-
pflanze. In den Wohnun-
gen von heute findet er
allerdings nur noch selten
genügend Raum zur Ent-
wicklung. Deshalb wird
die Zimmerlinde gerne in
Wintergärten gehalten,
wo sie sich mit zuneh-
mendem Alter zu einem
ornamentalen Solitär ent-
wickeln kann.

Blütezeit: Dezember bis
Februar.
Familie: Lindengewächse
(*Tiliaceae*).
Herkunft: Südafrika.
Standort: Hell, aber nicht
vollsonnig. Das ganze
Jahr mäßig warm, im
Winter bei 10 bis 15°C.
Verwendung: Kalthaus
und kühl temperiertes
Haus.
Pflege: Im Sommer reich-
lich gießen, aber Staunäs-
se vermeiden. Im Winter
sparsam gießen. Von
März bis August
wöchentlich düngen.
Vermehrung: Durch Sei-
tenstecklinge im Frühjahr,
Bewurzelung bei 20°C.
Schädlinge, Krankheiten:
Häufig weiße Fliege.
Regelmäßiges Lüften
beugt Befall mit Spinnmil-
ben und Thripsen vor. Bei
herabtropfendem Kon-
denswasser Fäulnisgefahr.
Vor Sonnenbrand durch
Schattierung schützen.

Zimmerlinden wachsen sehr rasch.

Besonders schön wirken Strelitzien in Verbindung mit Wasser.

Tibouchinen haben eine eindrucksvolle Blütenfarbe.

Strelitzia reginae
Paradiesvogelblume, Strelitzie

Die ungewöhnlichen Blüten erinnern mit ihren orangefarbenen und himmelblauen Fahnen an einen Paradiesvogel. Sie sind begehrte Schnittblumen und sorgen im Wintergarten für exotisches Flair. Die lederartigen Blattwedel sind immergrün, ihre Mittelrippe ist oft rot gefärbt. Strelitzien wachsen mehrtriebig und bilden keinen Stamm.
Blütezeit: Fast ganzjährig, besonders Februar bis Mai.
Familie: Bananengewächse *(Musaceae)*.
Herkunft: Südafrika.

Standort: Sonnig und warm, vor Zugluft geschützt. Schweres, lehmiges Substrat mit guter Drainage.
Verwendung: Temperiertes Haus und Warmhaus.
Pflege: Mäßig gießen, Staunässe vermeiden. Von März bis August alle 2 Wochen düngen. Die empfindlichen Wurzeln nicht beschädigen. Verletzte Wurzeln mit dem Messer abschneiden, die Schnittstellen mit Holzkohlestaub einpudern.
Vermehrung: Durch Teilung im Frühjahr und Sommer.
Schädlinge, Krankheiten: Schildläuse.

Tibouchina urvilleana
Tibouchine, Prinzessinnenblume

Die seltene Blütenfarbe, die über den Winter anhaltende Blüte und das samtige Laub machen die Tibouchine zu einer außergewöhnlichen Kübelpflanze. Tibouchinen sind immergrüne, 1 bis 6 m hohe, sparrige Sträucher.
Blütezeit: November bis März.
Familie: Schwarzmundgewächse *(Melastomataceae)*.
Herkunft: Brasilien.
Standort: Sonnig bis halbschattig. Im Winter bei 8 bis 12°C.

Verwendung: Kalthaus und temperiertes Haus.
Pflege: Im Sommer mäßig gießen, im Winter trockener halten. Nur kalkfreies Wasser verwenden. Von März bis August alle 2 Wochen düngen. Von April bis August jeden Trieb mehrfach entspitzen, damit sich die Pflanze gut verzweigt und nicht von unten verkahlt.
Vermehrung: Durch halbreife Kopfstecklinge im Frühsommer oder durch Aussaat, aber schwierig.
Schädlinge, Krankheiten: Wurzelfäule bei Staunässe.

Majestäten und Begleiter

Aus dem Wintergarten sind sie nicht wegzudenken: Majestätische Palmen, immergrüne Farne, bezaubernde Orchideen, bizarre Sukkulente, grafisch formschöne Kakteen und kriechende Bodendecker – sie alle können das Pflanzenarrangement des Wintergartens wirkungsvoll bereichern.

Bromelie

Immergrüne in Hülle und Fülle

Grünpflanzen wie Palmen und Farne mit ihren verschiedenen Grüntönen und schwungvollen Blattformen können dem Wintergarten eine dschungelähnliche Atmosphäre verleihen. Sparsam eingesetzt wirken sie mit ihren ausdrucksvollen Wuchsformen wie Skulpturen. Ganzjährig grüne Pflanzen bilden im Wintergarten den Rahmen für prächtige Blütenschönheiten und Mobiliar.

Grün wird in der Psychologie als beruhigende, ausgleichende Farbe beschrieben. Außerdem steht Grün in allen seinen Schattierungen als Symbol für Lebenskraft. Gestalterisch kann Grün als vermittelndes Moment eingesetzt werden. Es lockert die oft kühle und strenge Linienführung der Architektur auf und umschmeichelt den Sitz- oder Arbeitsplatz. Grün als Grundfarbe mildert eine zu grelle Wirkung vieler verschiedener Farben und belebt zugleich durch seine vielen Nuancen. Eine Auswahl schöner Palmen und Farne für den Wintergarten finden Sie auf den Seiten 90 bis 95.

Kostbare Tropenschätze

Orchideen werden gerne als Edelsteine unter den Pflanzen beschrieben. Ihre Blüten gehören zu den farbenprächtigsten und vielgestaltigsten Wundern der Pflanzenwelt, von eher unscheinbaren Miniaturausgaben bis hin zu auffallenden Riesenblüten. Nachdem durch Züchtung heute viele robuste Arten und Sorten erhältlich sind, kann sich jeder auch diese Blütenträume erfüllen. Blühfreudige und leicht zu haltende Arten finden Sie auf Seite 96/97.

Robuste Überlebenskünstler

Zu ihnen zählen die etwas spröden Kakteen und andere Sukkulente. Oft entdeckt man deren Schönheit erst durch Zufall, dafür entsteht dann aber häufig eine regelrechte Sammelleidenschaft. Kakteen können zu bizarren Wüstenlandschaften im Miniaturformat kombiniert werden, die dem Wintergarten einen außergewöhnlichen Charakter verleihen. Einige der auffälligsten und beliebtesten Vertreter dieser Pflanzengruppe finden Sie auf Seite 98/99.

Zur Unterpflanzung geeignet

Zierliche Pflanzen mit hängenden oder kriechenden Trieben bilden zu Füßen der großen Arten mehr oder minder ausladende Blatteppiche. Mit ihnen lassen sich scharfe Kanten oder unschöne Übergänge abmildern. Bodendecker sind oft das letzte Tüpfelchen bei der Gestaltung des Wintergartens. Einige schöne Arten werden auf Seite 100/101 vorgestellt.

Weitere Pflanzengruppen

Zusätzlich zu der hier vorgestellten Pflanzenfülle können Sie Ihren Wintergarten nach Belieben mit vielen weiteren Pflanzen ausstatten. Zimmerpflanzen – von Alpenveilchen bis Zimmerkalla – eignen sich alle für die Kultur unter Glas. Ebenso können verschiedene Saisonpflanzen, die sonst nur auf dem Balkon und im Garten Platz finden, zur kurzzeitigen Dekoration dienen. Zimmerpflanzen, die als schwierig und anspruchsvoll gelten, finden im Wintergarten meistens ein ideales Quartier. Hier herrscht höhere Luftfeuchtigkeit und fällt reichlich Licht ein – Bedingungen, die auf der Fensterbank vor allem im Winter oft nicht sicherzustellen sind.

Unser Tip: Wollen Sie Ihren Wintergarten zur Überwinterung von Kübelpflanzen nutzen, sollten Sie nur wenige dauerhafte Pflanzen aufstellen. Bedenken Sie, daß die Pfleglinge im Winter viel Raum verlangen. Sie dürfen nicht zu eng aufgestellt werden, damit sich keine Pilzkrankheiten breit machen.

Bei richtiger Artenwahl können Orchideen jeden Wintergarten schmücken.

Raritäten

Das Angebot an Kübelpflanzen ist groß, ständig wird es um neue Pflanzenarten erweitert, so daß die Auswahl wirklich schwerfällt. Neben den bewährten und bekannten Arten findet man in gut sortierten Gärtnereien immer wieder auch ausgefallene Stücke, die gerade deshalb faszinieren, weil sie nicht alltäglich sind.

Der Wintergarten ist ein ideales Experimentierfeld für neue Angebote. Fragen Sie beim Kauf eingehend nach den Ansprüchen und Wuchseigenschaften der Pflanzen, damit Sie sie später auch gebührend pflegen können.

Hier eine kleine Vorstellung ausgefallener Pflanzen für den Wintergarten:

- Zitronenstrauch (*Aloysia triphylla*) für Kalthaus und temperiertes Haus, ein intensiv duftender Kleinstrauch.
- Bauhinie (*Bauhinia purpurea*) für temperiertes Haus und Warmhaus, ein tropischer Strauch mit orchideenartigen Blüten.
- Känguruhbaum (*Casuarina equisetifolia*) für temperiertes Haus und Warmhaus, ein filigran belaubter, sehr robuster Baum.
- Fremontodendron (*Fremontodendron californicum*) für das Kalthaus, ein gelbblühender, immergrüner Strauch.
- Gelber Oleander (*Thevetia peruviana*) für temperiertes Haus, ein giftiger, dem Oleander sehr ähnlicher Strauch.

Palmen

Der Traum von der Südsee wird wohl mit kaum einer anderen Pflanzengruppe so verbunden wie mit den Palmen. Die faszinierende Vielfalt ihrer Formen und der schwungvolle Wuchs machen sie zu idealen Gestaltungselementen für den Wintergarten.

Zur Familie der Palmen (*Palmae* oder *Arecaceae*), zählen mehr als 3000 Arten. Sie stammen aus tropischen, subtropischen und auch aus mediterranen Gebieten, wo sie sowohl in feuchtwarmen Regenwäldern und heißen Savannen, als auch in Wüstenoasen oft zu mächtigen Exemplaren heranwachsen.

Der elegante Charakter der Palmen beruht in erster Linie auf ihrer Wuchsform, die fast immer streng symmetrisch ist. Palmen bilden einen unverzweigten Stamm, an dessen Ende ein Schopf von Blättern entspringt. Die schwungvoll und ebenmäßig geformten Blattwedel sind gefiedert oder bilden große Fächer.

Großer Platzbedarf

Bevor Sie sich eine Palme in den Wintergarten stellen, sollten Sie sich über den Platzbedarf der gewünschten Art informieren. Manche Palmen, die als kleine, schlanke Jungpflanzen gekauft werden, entwickeln sich mit der Zeit zu ausladenden und mächtigen Exemplaren. Nur wenige Arten wie *Chamaerops humilis*, die Zwergpalme, oder *Microcoelum weddelianum*, das Kokospälmchen, bleiben klein.

Für Wintergärten mit großer Höhe bieten sich Palmen an, die an einem hohen Stamm einen dichten Wedelschopf bilden, wie etwa *Phoenix dactylifera*, die Dattelpalme, oder *Washingtonia*, die Petticoatpalme.

Wintergärten mit großer Grundfläche nehmen auch ausladende, breitwüchsige Palmenarten wie *Cocos nucifera*, die Kokospalme, oder *Howeia*, die Kentiapalme, auf. Achten Sie jedoch darauf, daß der Standort so gewählt ist, daß die Wedel beim Vorbeigehen nicht dauernd gestreift werden oder den Sitzplatz einengen. Das alles beeinträchtigt nicht nur Sie, sondern auch die Pflanze.

Palmen für den Wintergarten

Grundsätzlich können alle im Handel erhältlichen Palmen im Wintergarten gezogen werden.

Für das Kalthaus eignen sich robuste und wenig anspruchsvolle Arten, die kühle Wintertemperaturen gut vertragen und auch kurzzeitigen Frost nicht übel nehmen, wie zum Beispiel:

- *Chamaerops humilis*, die Zwergpalme, eine höchstens 1 m hoch werdende, buschig wachsende Fiederpalme, die aus dem Mittelmeerraum stammt.
- *Phoenix canariensis*, die Kanarische Dattelpalme, ist grob gefiedert und sehr ausladend. Sie trägt oft über 5 m lange Wedel.
- *Phoenix dactylifera*, die Echte Dattelpalme, besitzt graugrüne Wedel und wächst schlanker als die Kanarische Dattelpalme.
- *Trachycarpus fortunei*, die Hanfpalme, eine sehr elegante, im Alter bis etwa 2 m hoch wachsende Art mit fast runden Wedeln.
- *Washingtonia filifera* und *Washingtonia robusta*, die Petticoatpalmen, werden sehr hoch, bleiben aber schlank. Die unter dem Blattschopf hängenden, alten Blätter erinnern an einen Petticoat.

Für das temperierte Haus eignen sich weit mehr Arten, da hier die Temperatur im Winter nicht zu stark absinkt.

- *Archontophoenix cunninghamiana*, eine australische Palme mit Fiederblättern, die in elegantem Schwung von der Basis nach oben streben. Sie wird etwa 3 m hoch.
- *Chamaedorea elegans*, die Bergpalme, eine graziöse, klein bleibende Fiederpalme, die als eine der wenigen Palmen zuverlässig blüht.

Blühendes Kokospälmchen.

- *Livistona australis* und *Livistona chinensis,* die Livistonien, gehören zu den schönsten Fächerpalmen. Sie wachsen zwar langsam, können aber im Alter sehr hoch werden.
- *Rhapis excelsa* und *Rhapis humilis,* die Stecken- oder Rutenpalmen, dekorativ gefiederte Palmen, die 1 bis 2 m hoch werden.
- *Sabal minor* und *Sabal palmetto,* die Sabal- oder Palmettopalmen tragen tief eingeschnittene Fächerblätter mit deutlichen Längsadern. *Sabal minor* bleibt unter 2 m Wuchshöhe, *Sabal palmetto* wird etwa 5 m hoch.

Im Warmhaus gedeihen anspruchsvolle und ungewöhnliche Palmenarten, die viel Luftfeuchtigkeit brauchen und auch im Winter warm stehen müssen:
- *Areca catechu,* die Betelpalme, eine schlanke, fein gefiederte Art aus Südostasien wird etwa 2 m hoch.
- *Caryota mitis,* die Fischschwanzpalme, deren Name bereits über die Blattform Auskunft gibt. Sie wächst buschig, wird etwa 1,5 m hoch und meistens auch ebenso breit.
- *Chrysalidocarpus lutescens,* die Goldfruchtpalme, eine schnell wachsende, kammartig gefiederte Palme mit sehr leichter, duftiger Erscheinung. Sie wird etwa 5 m hoch.
- *Cocos nucifera,* die Kokospalme, zählt wegen

Grafisches Kunstwerk in Grün – die Livistonie.

Phoenix roebelenii, die Zwergdattelpalme.

Cocos nucifera, die Kokospalme.

ihrer dekorativen, ausladenden Blätter und ihrer Frucht, der Kokosnuß, zu den beliebtesten Palmen.

● *Howeia belmoreana* und *Howeia forsteriana,* die Kentiapalmen, werden meist als dreistämmige Gruppe angeboten. Sie sind pflegeleichte und stets frisch wirkende Palmen. *Howeia belmoreana* wächst aufrecht, *Howeia forsteriana* dagegen breit überhängend. Ältere Exemplare stehen auch im temperierten Haus gut.

● *Microcoelum weddelianum,* das Kokospälmchen, eine zierliche Art, die höchstens 1,5 m hoch wird.

● *Phoenix roebelenii,* die Zwergdattelpalme, ist eine grazile, nur etwa 2 m hohe Verwandte der großen Dattelpalmen. **Warnung:** An den Blättern einiger Palmen kann man sich verletzen. *Chamaerops humilis, Livistona* und *Washingtonia* haben bedornte Blattstiele. *Phoenix canariensis, Phoenix dactylifera* und *Washingtonia* besitzen harte Blattwedel, an denen man sich schon beim Vorbeistreifen schneiden kann.

Ansprüche der Palmen
Im allgemeinen brauchen Palmen wenig Pflege, wenn sie den richtigen Standort erhalten.

Licht nach Maß
Obwohl sie aus südlichen Breiten stammen, vertragen Palmen keine sengende Sonne – ihre Blätter verbrennen sonst. Im Wintergarten dürfen sie ruhig in vollem Licht stehen, allerdings muß man an sonnigen Tagen mittags schattieren.
Viele Arten gedeihen auch an halbschattigen Stellen des Wintergartens gut, so etwa *Howeia,* die Kentiapalme und *Rhapis,* die Steckenpalme.
Einige Arten vertragen sogar einen schattigen Platz, wie etwa *Chamaedorea,* die Bergpalme.

Platz für die Wurzeln
In freier Natur bilden Palmen oft ein sehr tiefreichendes Wurzelsystem, sogenannte Pfahlwurzeln, mit denen sie an das Grundwasser gelangen. Um Palmen auch im Wintergarten gerecht zu werden, sollte man sie frei auspflanzen oder in spezielle Palmentöpfe setzen. Diese Gefäße sind bei gleichem Umfang viel höher als gewöhnliche Blumentöpfe oder Kübel und bieten den Wurzeln ausreichend Platz. In diesen Spezialgefäßen haben die hohen Pflanzen

Livistona chinensis stammt aus Asien und eignet sich fürs Warmhaus.

zugleich mehr Standfestigkeit.

Wer sie frei auspflanzt, sollte darauf achten, daß der Wurzelraum weit in die Tiefe reichen kann. Beachten Sie außerdem, daß viele Palmen keine niedrigen Temperaturen vertragen. Der Untergrund sollte also im Winter beheizbar sein oder zumindest nicht gefrieren.

Richtig gießen

Je nach Art stellen Palmen etwas unterschiedliche Ansprüche an die Wasserversorgung. Palmen mit harten Blättern wie *Phoenix dactylifera* und *Phoenix canariensis,* die Dattelpalmen, vertragen relativ viel Trockenheit. Dagegen müssen Arten mit weichen, zarten Wedeln regelmäßig gegossen werden. Vor allem Fächerpalmen wie *Livistona* verdunsten über ihre großen Blattflächen viel Feuchtigkeit und müssen häufig gegossen werden.

Beim Gießen darf die Ansatzstelle der Blattwedel, das Herz der Palme, nicht benetzt werden. Dieses empfindliche Gewebe, aus dem sich neue Blätter entwickeln, fault sonst, und die Pflanze stirbt ab. Auch die Wurzeln reagieren auf stehende Nässe sehr empfindlich, gute Drainage ist wichtig. Beachten Sie daher die Regeln für das Gießen (→ Seite 23), um die Palmen lange vital zu erhalten.

Optimal düngen

Palmen sind sehr genügsam und schießen bei zu reichlicher Nährstoffzufuhr sehr schnell in die Höhe. Sie sollten daher nur sehr sparsam gedüngt werden. Zur Hauptwachstumszeit von April bis August alle 4 Wochen am besten flüssigen Volldünger geben. Die Düngerkonzentration sollte aber höchstens der halben Normaldosierung entsprechen.

Wenn Palmen zu groß werden

Wächst Ihnen Ihre Palme im wahrsten Sinn des Wortes über den Kopf und stößt an die Verglasung des Wintergartens, dann bleiben Ihnen nur wenige Möglichkeiten:

● Sie trennen sich von der Pflanze und besorgen ihr einen neuen Standort.

● Stammbildende Arten wie *Trachycarpus,* die Hanfpalme, oder *Microcoelum,* das Kokospälmchen, lassen sich durch Abmoosen (→ Seite 24) verkleinern.

● Sie ziehen sich Palmen aus Samen selbst nach oder kaufen junge Pflanzen. <u>Wichtig:</u> Zurückschneiden lassen sich Palmen nicht.

Farne

Filigrane Blattwedel und buschige Trichter in den schönsten Grüntönen zeichnen diese urweltlichen Pflanzen aus. Farne bilden innerhalb des Pflanzenreichs eine eigene Abteilung und zählen nicht zu den hochentwickelten Blütenpflanzen. Sie bevorzugen schattige, luft- und bodenfeuchte Standorte. Im Wintergarten finden sie daher ideale Bedingungen.

Wuchsformen

Beliebt sind Farne vor allem wegen ihres dekorativen Laubs. Die Wedel entspringen an einem Punkt und stehen in dichten Büschen oder zu schönen Trichtern vereint. Sie sind glatt, gefiedert oder in viele kleine Abschnitte unterteilt. Meistens zeigen sie eine frischgrüne Farbe. Es gibt aber auch Arten mit graugrünem, derbem Laub, mit rötlich überlaufenen oder silbrig bereiften Blättern.
Manche Arten besiedeln im Freiland Astgabeln oder Baumstämme, so zum Beispiel *Platycerium*, der Geweihfarn, und *Asplenium nidus*, der Nestfarn. Diese sogenannten Epiphyten (→ Seite 11) brauchen im Wintergarten einen etwas helleren Standort. Man kann sie an einem speziellen Epiphytenstamm ansiedeln, sie können

aber auch in Gefäßen mit sehr lockerem Substrat gezogen werden.

Farne für den Wintergarten

Die Pflanzen können je nach Art am besten im Warmhaus oder im temperierten Haus gehalten werden.
Das Warmhaus ist der richtige Ort für Arten aus tropischen Gebieten. Sie sind an gleichmäßige Wärme und hohe Luftfeuchtigkeit gewöhnt, wie sie nur das Warmhaus bieten kann. Hier entwickeln sie sich zu üppigen, ausdrucksstarken Exemplaren. Farne für das Warmhaus:
● *Adiantum*, der Frauenhaarfarn, mit sehr zierlichen, fein gefiederten Arten von meist lindgrüner Färbung. Bekannt ist vor allem *Adiantum raddianum* mit sehr filigranem Laub.
● *Asplenium*-Arten mit glänzend grünen, ungeteilten Blattwedeln, die in trichterförmiger Rosette stehen. Die bekannteste Art ist *Asplenium nidus*, der Nestfarn.
● *Blechnum*-Arten, die Rippenfarne, mit kurzem Stamm und dichtem Wedelschopf können recht groß werden. Die Wedel besitzen eine stark ausgeprägte Mittelrippe.
● *Microlepia*, der Schuppenfarn, mit fein gefiederten, aufrecht stehenden Wedeln. Bei *Microlepia speluncae* werden sie bis zu 2 m lang.

Platycerium bifurcatum, der Geweihfarn.

● *Nephrolepis*, der Schwertfarn, gilt als nahezu unverwüstlich und kann mehr als 1 m Höhe erreichen. Seine Fiedern sind am Rand gekraust oder gewellt. *Nephrolepis exaltata* ist die bekannteste Art.
● *Platycerium*, der Geweihfarn, ein Epiphyt, dessen Wedel geweihartig und grauweiß bewachst erscheinen. Er wird am besten in einer Ampel oder auf dem Epiphytenstamm gezogen. Den Blattbelag niemals abwischen!
Im temperierten Haus können Farne aus subtropischen und gemäßigten Breiten angesiedelt werden.

Farne für das temperierte Haus mit relativ hohen Wintertemperaturen (nicht unter 12°C):
● *Asplenium*-Arten mit gefiederten Wedeln, die Brutfarne. Sehr dekorativ ist *Asplenium daucifolium*, der »Möhrenfarn«.
● *Cyrtomium*, der Sichel- oder Stechpalmenfarn, hat ledrig glänzende, fein gezähnte Blätter. *Cyrtomium falcatum* ist eine robuste Art.
● *Davallia*, der Büchsenfarn, liebt hohe Luftfeuchte, verträgt allerdings auch relativ niedrige Wintertemperaturen (kurzzeitig auch unter 10°C). Fein ziselierte Wedel stehen über pelzigen Wurzelstöcken,

Verschiedene Farne wirken durch ihre vielfältigen Blattstrukturen.

daher auch der Name »Hasenfußfarn«.
● *Pellaea,* der Pellefarn, eine grob gefiederte Gattung, die auch kurze Trockenperioden übersteht. *Pellaea rotundifolia* hat runde Fiedern.
● *Phyllitis scolopendrium,* der Hirschzungenfarn, ein Freilandfarn, der auch im Wintergarten gedeiht. Seine Wedel sind ungeteilt und am Rand gewellt.
● *Polystichum tsussimense,* der Schildfarn, hat ledrige Wedel und gilt als besonders robust. Er eignet sich auch für das frostfreie Kalthaus.
● *Pteris,* der Saumfarn, eine vielgestaltige Gattung mit schönen For-

men. Die grünlaubigen Arten sind robuster, die weißbunt gezeichneten sollten besser im Warmhaus stehen.

Pflege der Farne
Stellen Sie Farne nur an Standorte mit gedämpftem Licht, zum Beispiel unter großblättrige Pflanzen oder in einen schattigen Winkel. Wichtig ist vor allem regelmäßiges Gießen. Farne dürfen nie ganz austrocknen, sie reagieren sehr schnell auf Wassermangel und verdorren. Epiphytisch lebende Farne müssen regelmäßig mit kalkfreiem Wasser übersprüht werden. Farne nur sehr schwach düngen. Von

April bis August alle 4 Wochen einen Flüssigdünger in halber Dosierung verabreichen. Unschöne Wedel und vertrocknete Teile regelmäßig herausschneiden.

Bambus
Zur Familie der Gräser zählen die vielen Bambus-Arten, mit deren eleganten Formen man einen Hauch Fernost in den Wintergarten zaubert. Wie Palmen und Farne bestechen auch sie durch ihre beruhigenden, ausgleichenden Gestalten in herrlichen Grünschattierungen. Reizvoll zeigen sie sich auch durch ihre vielgestaltigen Halme, die zart oder auch derb und

oft hübsch gefärbt sein können.
Die nachstehenden Arten eignen sich vor allem für das temperierte und das Warmhaus.
● *Bambusa glaucescens* in mehreren Sorten, die sich in der Laubform und -färbung unterscheiden.
● *Chimonobambusa marmorea*, ein kleinblättriger Bambus mit dichtem Wuchs.
● *Phyllostachys aurea*, eine robuste und frischgrün belaubte Art.
● *Phyllostachys viridiglaucescens*, eine große, hellgrüne Art.
● *Thamnocalamus microphyllus*, eine zierlich belaubte Art mit schönem Farbspiel.

Grüngelbe Cymbidie.

Fein gezeichneter Frauenschuh.

Orchideen

Wie exotische Kostbarkeiten schweben die Blüten der Orchideen über dem parallelnervigen Laub. Die Arten dieser formen- und farbenreichen Familie der *Orchidaceae* gelten für viele als Inbegriff der Schönheit. Sie stammen aus tropischen Gebieten, wo sie oft als Epiphyten auf Bäumen leben (→ Seite 11).
Dem unermüdlichen Bestreben vieler Züchter ist es zu verdanken, daß es heute eine Fülle von Hybriden und Sorten gibt, die weniger empfindlich sind. Dennoch sind viele Arten nicht leicht zu ziehen. Wollen Sie sich mit diesen außergewöhnlichen Grazien näher beschäftigen, empfehlen wir das Studium einschlägiger Fachliteratur (→ Seite 111) oder den Kontakt zu Liebhabergesellschaften (→ Seite 110).

Orchideen für den Wintergarten

Wir können Ihnen hier nur eine kleine Auswahl relativ leicht zu ziehender Orchideen vorstellen. Als robuste und recht zuverlässige Blüher gelten vor allem viele Hybriden. Die meisten Orchideen stellen sehr weitreichende Ansprüche an die Temperatur. Dabei ist nicht nur die Wintertemperatur zu beachten, sondern auch der Wechsel zwischen Tag- und Nachttemperaturen. Nachfolgend finden Sie einige Orientierungswerte, die genauen Ansprüche einzelner Arten/Sorten müssen Sie beim Kauf erfragen oder in der Spezialliteratur nachlesen.
Das Warmhaus oder warm temperierte Haus ist ein idealer Standort für Orchideen. Hier lassen sich die meisten Arten ziehen. Bei hoher Luftfeuchtigkeit, milden Nachttemperaturen und einem günstigen Winterklima fühlen sie sich besonders wohl. Robuste Gattungen sind:

- *Cymbidium* mit üppigen Blütenrispen. Die kleineren Miniatur-Cymbidien sind besonders wärmebedürftig.
- *Vanda,* epiphytische Orchideen mit oft ungewöhnlich gezeichneten Blüten. Auffälligste Art ist die blau blühende *Vanda coerulea.*

Im temperierten Haus mit Nachttemperaturen um 12 °C im Winter läßt sich ebenfalls eine ganze Palette kultivieren:

- *Cattleya,* überwiegend epiphytische, aber auch in Gefäßen kultivierbare Orchideen mit sehr großen, markant geformten Blüten.

Überschäumende Blütenfülle bei einer Orchideensammlung.

● *Dendrobium,* sehr vielgestaltige, epiphytische, aber auch für Topfkultur geeignete Orchideen mit üppigen Blütenrispen und sehr unterschiedlichen Temperaturansprüchen.

● *Laelia,* überwiegend epiphytische Orchideen, die den Cattleyen sehr ähnlich sehen.

● *Miltonia,* epiphytische Orchideen, auch Stiefmütterchen-Orchideen genannt.

● *Odontoglossum,* epiphytische Orchideen, die häufig für Hybridenzüchtung verwendet werden. Viele dieser Hybriden sind Anfängerpflanzen.

● *Paphiopedilum,* nach ihrer Blütenform Frauenschuh genannt. Auch für das Warmhaus geeignet. Die Hybriden sind oft unempfindlicher.

● *Phalaenopsis,* auch Malaienblumen genannt, mit sehr eleganten Blüten. Vor allem die Hybriden sind einfach zu ziehen. Im frostfreien Kalthaus sind nur wenige Arten zu halten.

● *Cymbidium*-Hybriden mit farbenfrohen Blüten.

● *Masdevallia,* teilweise epiphytische Orchideen mit ungewöhnlichen Blüten.

● *Oncidium,* epiphytische Orchideen, die auch für Topfkultur geeignet sind. Nur einige Arten sind für das Kalthaus geeignet, so etwa *Oncidium flexuosum.*

Ansprüche der Orchideen

Die meisten Orchideen bevorzugen im Sommer einen hellen, aber nicht sonnigen Standort. Sie stehen daher günstig im Schutz größerer Pflanzen oder müssen gut schattiert werden. Im Herbst und Winter können sie meistens heller und auch sonnig stehen.

Orchideen werden in speziellem Orchideensubstrat gezogen, das leicht, gut durchlässig und leicht sauer ist. Epiphytische Orchideen werden mit speziellem Substrat an ein Rindenstück oder am Epiphytenstamm aufgebunden. Einige Arten lassen sich auch im Gefäß halten oder können als Ampelpflanzen in kleinen Pflanzkörben gezogen werden.

Grundregeln der Pflege

Ebenso vielfältig wie die Arten dieser Familie sind auch ihre Pflegeansprüche. Ganz allgemein gilt:

● Im Frühjahr reichlich gießen.

● Im Sommer regelmäßig gießen und düngen (mit speziellem Orchideendünger).

● Im Herbst das Gießen nach und nach reduzieren und heller stellen.

● Im Winter die Ruhezeit beachten, also wenig gießen und nicht düngen.

Bizarre Schönheit, die Agave.

Zarte Blüten über harten Dornen: Opuntie.

Sukkulente und Kakteen

Kakteen präsentieren sich meistens eher unzugänglich und abweisend. Brechen aber ihre Blüten hervor, zeigen sie eine farbintensive Vielfalt. Kakteen stammen aus Amerika, überwiegend aus glühend heißen Trockengebieten. Ihre Blätter haben sich zu Dornen reduziert und ihr fleischiger Körper dient als Wasserreservoir, um auch jahrelang anhaltende Trockenzeiten zu überstehen. Diese Dickfleischigkeit nennt man Sukkulenz (→ Seite 11).
Dieselbe Methode zum Überleben haben auch

andere Pflanzen in trocken-heißen Regionen entwickelt, so zum Beispiel viele afrikanische Wolfsmilchgewächse. Auch sie besitzen fleischige, wasserspeichernde Organe und gehören ebenfalls zu den Sukkulenten.
Mit diesen interessanten Pflanzen lassen sich im Wintergarten reizvolle Pflanzgemeinschaften bilden.

Sukkulente für den Wintergarten
Entsprechend ihren Herkunftsgebieten wollen die meisten Arten heiße, voll-

sonnige Bedingungen am Tage und kühle, bisweilen sogar sehr kalte Nächte. Im Kalthaus sind sie besonders gut aufgehoben. Da die Artenfülle übergroß ist, beschränken wir uns hier auf einige auffälligere Exemplare. Möchten Sie sich näher mit Sukkulenten befassen, dann sollten Sie sich mit der entsprechenden Fachliteratur (→ Seite 111) oder bei einer Liebhabergesellschaft (→ Seite 110) informieren.
Interessante Sukkulente für das Kalthaus:
● *Agave,* formenreiche Gattung mit schwertför-

migen Blattrosetten. Bekannt ist vor allem *Agave americana.*
● *Aloë,* äußerst robuste Arten mit oft schöner Blattzeichnung.
● *Crassula,* gerne als Zimmerpflanzen gezogene Arten mit oft glänzend grünen Blättern, so etwa *Crassula arborescens,* der Geldbaum.
● *Echeveria,* kleinwüchsige Rosettenpflanzen, die sehr hübsch blühen.
● E*chinocactus grusonii,* auch »Schwiegermuttersessel« genannter Kugelkaktus.
● *Opuntia* mit *Opuntia ficus-indica,* dem Feigenkaktus, dessen blattartige Triebe bizarre Blickpunkte bilden.

Selenicereus grandiflorus, die Königin der Nacht.

Echinocactus grusonii, der »Schwiegermuttersessel«.

Im temperierten Haus gedeihen:
- *Adenium*, die Wüstenrose, ein Hundsgiftgewächs, das aus einem dicken Stamm zauberhafte rosafarbene Blüten treibt.
Warnung: *Adenium*-Arten sind giftig.
- *Aeonium*, eine Gattung, mit regelmäßigen Rosetten auf dicken Stämmchen oder direkt auf den Boden.
- *Beaucarnea recurvata*, der Elefantenfuß oder Flaschenbaum, treibt aus einem dick aufgetriebenen Stamm einen zierlichen Blattschopf.
- *Epiphyllum*, Blattkakteen, die durch ihre überaus farbenprächtigen Blüten bestechen. Viele

Arten eignen sich als Ampelpflanzen.
- *Euphorbia*, bizarre und anspruchslose Wolfsmilch-Arten.
Warnung: Alle *Euphorbia*-Arten sind giftig und enthalten einen hautreizenden Milchsaft.
Für das Warmhaus geeignete Sukkulente:
- *Jatropha podagrica*, die Flaschenpflanze, besticht durch übergroße Blätter und eine stete Blüte.
Warnung: Die Flaschenpflanze ist giftig.
- *Rhipsalidopsis*, der Osterkaktus, ist wegen der reichen Blüte beliebt.
- *Schlumbergera*, der Weihnachtskaktus, der im Winter leuchtende Blütenakzente setzt.

Warnung: Viele der genannten Arten haben Dornen oder scharfe Blattspitzen (*Agave*), an denen man sich verletzen kann. Manche Arten sind stark giftig, so die Wolfsmilchgewächse und die Wüstenrose.

Pflege der Sukkulenten
Die Pflege der meisten Arten ist sehr einfach. Außer vorsichtigem Gießen und gelegentlichen schwachen Düngergaben im Sommer muß man sich kaum um diese anspruchslosen Gewächse kümmern. Gepflanzt werden sie am besten in spezielles Kakteensubstrat, das sehr locker ist und die Wurzeln vor Fäulnis

schützt. Kakteen brauchen zur Knospenbildung über den Winter eine Ruheperiode, in der sie kühl, fast trocken und ohne Düngergaben gehalten werden.
Unser Tip: Bei der Vermehrung und beim Umtopfen sollten Sie sich vor den Dornen in Acht nehmen, sie durchdringen selbst derbe Handschuhe. Fassen Sie die wehrhaften Pflanzen am besten mit einer Gurkenzange oder zwischen Styroporstücken.

Lotus berthelotii, der Hornklee.

Hedera

Bodenbedeckende Pflanzen

Den letzten Schliff erhält ein attraktiv bepflanzter Wintergarten durch Bodendecker. Die kriechenden oder Polster bildenden Arten überziehen den Boden mit einem grünen Teppich. Sie können zu Füßen größerer Pflanzen deren Blütenwirkung unterstreichen oder aber in deren blütenloser Zeit für Farbtupfer sorgen. Als wallende Blattvorhänge helfen sie, unschöne Kanten oder Ränder zu verdecken und lockern allzu strenge Linien auf. Noch ein Vorteil: Die lebende Abdeckung wirkt wie eine Mulchdecke, schützt den

Boden vor Austrocknung und reduziert den Gießaufwand.
Bodendecker kann man im Grundbeet überall zwischen höheren Pflanzen plazieren. Sie breiten sich allmählich zu einem lebenden Bodenbelag aus. Im Trogbeet wirken sie besonders hübsch, wenn sie über den Rand herabwachsen dürfen. Auch große Kübelpflanzen kann man mit den meist flachwurzelnden Pflanzen untermalen, vor allem stammbildende, nur in der Krone beblätterte Arten, wie etwa *Cassia*-Arten.

Bodendecker für den Wintergarten

Geeignet sind alle Pflanzen, die mit langen Trieben flach über den Boden streichen oder schnell zu dichten Polstern heranwachsen. Außer den unten genannten können Sie auch einjährige Blütenpflanzen für diese Zwecke verwenden, so zum Beispiel *Lobularia maritima,* den Duftsteinrich, *Brachyscome,* das Blaue Gänseblümchen, *Nolana,* die Glockenwinde oder *Cuphea ignea,* das Zigarettenblümchen.

Für das Kalthaus geeignet sind:
- *Carpobrotus edulis,* die Hottentottenfeige, ein Bodendecker mit raschem Wuchs. Sehr schön in Wüstenpflanzungen oder unter Palmen.
- *Duchesnea indica,* die Indische Erdbeere, mit schöner Belaubung, gelben Blüten und erdbeerähnlichen, aber ungenießbaren Früchten.
- *Lampranthus conspicuus,* das Eiskraut. Rosafarbene bis rote, feinstrahlige Blüten stehen über grausilbrigem, sukkulentem Laub.
- *Lantana montevidensis,* das zartlila blühende Wandelröschen mit kriechendem Wuchs.

Scirpus cernuus, das Frauenhaargras.

Ficus pumila 'Variegata', Kletter-Ficus.

● *Liriope muscari,* grasartige Tuffs mit weißgrünem Laub und lavendelfarbenen Blütentrauben ergeben attraktive Vor- und Zwischenpflanzungen.
● *Lotus berthelotii* und *Lotus maculatus,* der Hornklee, trägt klauenartige rote oder orangegelbe Blüten und filigranes Silberlaub an langen, verholzenden Trieben.
● *Rhaphiolepis indica,* ein immergrüner Kleinstrauch mit nahezu ganzjähriger Blüte in zartem Rosé.

Für das temperierte Haus geeignet sind:
● *Cissus antarctica* und *Cissus rhombifolia,* der Zimmerwein mit lackartig glänzendem Laub.
● *Hedera helix,* der beliebte Zierefeu, mit vielen Sorten, die sich in Blattform und -färbung unterscheiden.
● *Soleirolia soleirolii,* das bekannte Bubiköpfchen, breitet sich mit seinen winzigen Laubpolstern sehr rasch aus.
● *Trachelospermum jasminoides,* der Sternjasmin, blüht mit duftenden, weißen Sternchenblüten. Eingewachsene Pflanzen eignen sich auch für das Kalthaus.

Für das Warmhaus geeignete Bodendecker:
● *Cissus discolor* mit samtig glänzendem, marmoriertem Laub in verschiedenen Farben.
● *Ficus repens* und *Ficus sagittata,* kleinlaubige Ficus-Arten, die auch als Ampel- oder Kletterpflanzen verwendet werden.
● *Fittonia verschaffeltii,* kleinlaubige Sorten mit silbriger oder rötlicher Netzzeichnung.
● *Pilea,* die Kanonierblume, deren Arten dekoratives Laub tragen.
● *Scirpus cernuus,* das Frauenhaar, ein duftig wirkendes Ziergras.

Ansprüche und Pflege
Die meisten Bodendecker wachsen am besten im lichten Schatten, vertragen aber auch zeitweise Sonne und tiefen Schatten. Sie werden regelmäßig gegossen und während der Wachstumszeit von Frühjahr bis Hochsommer gedüngt. Im Winter kann man vor allem im Kalthaus die Gießmenge reduzieren. Bei Bedarf lassen sich fast alle Arten beliebig zurückschneiden. Sie treiben bald wieder frisch durch. Manche Arten wie Bubiköpfchen, Fittonie und Kanonierblume sollten alle Jahre durch Stecklinge neu herangezogen werden.

REGISTER

Die **halbfett** gesetzten Seitenzahlen verweisen auf Farbfotos und Farbzeichnungen. Pflanzenbeschreibungen und -pflegeanleitungen sind mit einem * gekennzeichnet.
U=Umschlagseite

Aus Liebe und Verantwortung

Heimtiere machen nicht nur Kindern, sondern der ganzen Familie viel Freude. Und ob Hund, Hamster oder Wellensittich – wer sich einmal an den kleinen Liebling gewöhnt hat, möchte ihn nicht mehr missen. Deshalb ist es wichtig, über die Bedürfnisse der Tiere wirklich Bescheid zu wissen. Die **GU Tier-Ratgeber** – von anerkannten Autoren geschrieben – sind ideal als Helfer bei der artgerechten Haltung mit Herz und Verstand. GU Ratgeber gibt es zu allen beliebten Tierarten. Sie sind auch für Kinder geeignet, die ihr Tier selbst versorgen wollen.

Paradiesisch leben.
Mit GU.

Ob kleines Usambaraveilchen, riesige Palme oder edler Rosenstrauch – so richtig grünt und blüht es im Zimmer, auf dem Balkon und im Garten nur dann, wenn Sie auch die Ansprüche Ihrer Pflanzen kennen.

Das nötige Wissen über Kauf, Pflanzung und Pflege vermitteln die

- GU Ratgeber Zimmerpflanzen
- GU Ratgeber Balkon und Terrasse
- GU Ratgeber Garten.

14,80 DM/116,-öS/14,80 sFr.

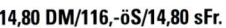

14,80 DM/116,-öS/14,80 sFr.

14,80 DM/116,-öS/14,80 sFr.

14,80 DM/116,-öS/14,80 sFr.

14,80 DM/116,-öS/14,80 sFr.

Mehr draus machen.
Mit GU.

Pflanzengesellschaften, Vereine

Deutschland

Bonsaiclub Deutschland e.V., Club-büro Dietmar Schüler, Konviktstr. 1, 79098 Freiburg

Deutsche Citrus-Gesellschaft, Geschäftsstelle: Peter Klock, Stutsmoor 42, 22607 Hamburg

Deutsche Gesellschaft für fleisch-fressende Pflanzen, Holger Hennern, Marktstr. 15, 44866 Bochum

Deutsche Kakteen-Gesellschaft e.V., Geschäftsstelle: Nordstr. 30, 26939 Ovelgönne

Verein der Kamelienfreunde (Deutschland, Österreich, Schweiz), angeschlossen der International Camellia Society ICS, Kontaktadresse: Gerhard Kasimir, Stahlbühlring 96, 68526 Ladenburg

Deutsche Orchideengesellschaft, Gerd Röllke, Von-Möller-Str. 25c, 33649 Bielefeld

Österreich

Österreichischer Bonsai-Club, Wolfram Weineck, Spittelwiese 9, A-4020 Linz

Gesellschaft Österreichischer Kakteenfreunde, Präsident: Karl Augustin, Siedlung 4, A-2454 Trautmannsdorf

Österreichische Orchideengesellschaft, Parkring 12, A-1010 Wien

Schweiz

Schweizerische Kakteen-Gesellschaft, Präsident: Hansruedi Fehlmann, Alte Dübendorfer Str. 12, CH-8305 Dietlikon

Schweizerische Orchideengesellschaft, Werner Huber, Gattikoner Str. 52, CH-8316 Gattikon

Bezugsquellen für Wintergärten

alwiplast GmbH & Co. KG, Uthofstr. 57, 33442 Herzebrock-Clarholz

Bartscher GmbH, Franz-Kleine-Str. 28, 33154 Salzkotten

Ing. G. Beckmann KG, Simoniusstr. 10, 88239 Wangen

D. Bormann, Gewächshaustechnik, Neudorfer Str. 199, 47057 Duisburg

GBK, Gesellschaft für Baukonstruktionen mbH, Bahnhofstr. 53, 71229 Leonberg

Das Glashaus, C. Busch, An der Eilshorst 15, 22927 Großhansdorf

Kuno Krieger GewächshausCenter, Gahlenfeldstr. 5, 58313 Herdecke

Optima Wintergarten GmbH & Co. KG, Frankenstr. 75, 91088 Bubenreuth

Ernst Pudenz, Im Haferkamp 1, 33818 Leopoldshöhe

Paradies Wintergärten, Inh.: Schüller Qualitätsglas GmbH, Langebrügger Str. 10, 26655 Westerstede

Zenker-Fenster GmbH & Co. KG, Braunschweiger Straße, 37671 Höxter

Weiterführende Literatur

Amberger-Ochsenbauer, S.: *Zimmerfarne.* Gräfe und Unzer Verlag, München

Becherer, F.: *Kakteen.* Gräfe und Unzer Verlag, München

Eberts, W.: *Bambus in Haus und Garten.* Gräfe und Unzer Verlag, München

Encke, F.: *Kübelpflanzen, Geschichte, Herkunft, Pflege.* Ulmer Verlag, Stuttgart

Fischer, J.: *Kamelien.* Gräfe und Unzer Verlag, München

Heitz, H.: *Großer GU Pflanzen-Ratgeber Balkon- und Kübelpflanzen.* Gräfe und Unzer Verlag, München

Heitz, H.: *Orchideen.* Gräfe und Unzer Verlag, München

Heitz, H.: *Palmen.* Gräfe und Unzer Verlag, München

Heitz, H.: *Großer GU Pflanzen-Ratgeber Zimmerpflanzen.* Gräfe und Unzer Verlag, München

Kawollek, W.; Mierswa, D.: *Wintergärten, richtig bauen, nutzen und genießen.* Naturbuch Verlag, Augsburg

Klock, P.: *Orangen, Zitronen und andere Citruspflanzen.* Gräfe und Unzer Verlag, München

Köchel, C. u. M.: *Die schönsten Kübelpflanzen.* BLV Verlagsgesellschaft, München

Pfisterer, J.: *Zimmer-Bonsai.* Gräfe und Unzer Verlag, München

Reiners, H.; Timm, U.: *Der Wintergarten - Wohnkultur unter Glas.* Callwey Verlag, München

Timm, U.: *Der Wintergarten, Wohnräume unter Glas, Planung, Konstruktion, Ausstattung, Bepflanzung.* Callwey Verlag, München

Zeitschriften

FLORA.
Gruner + Jahr AG & Co., 20444 Hamburg

kraut & rüben.
BLV Verlagsgesellschaft mbH, Lothstr. 29, 80797 München

mein schöner Garten.
Verlag Burda GmbH, Hauptstr. 130, 77652 Offenburg

Die Fotografen:
Apel: Seite 54 li.;
Becherer: Seite 98 re., 99 re.;
Becker: Seite U1, U2, 3, 9, 13, 16/17, 27, 39, 42/43, 47, 70, 112/U3;
Borstell: Seite 4, 30, 54 re., 59 , 66 re., 87 re.;
Eisenbeiss: Seite 18, 77 li., 99 li.;
IFB: Seite 76 re.;
Klock: Seite 48 li., 50 li., 62 li.,re., 63 li., 84 re.;
mein schöner Garten/Groß: Seite 5;
mein schöner Garten/Kögel: Seite 75 re.;
mein schöner Garten/Stork: Seite 26, 32, 45, 52, 96 li.,re., 101 li.;
mein schöner Garten/Strauß: Seite 57 li.;
Morell: Seite 51 re., 63 re., 66 li., 72 re., 74 re., 85 re., 90, 92 li., 94, 101 re.;
Reinhard: Seite 2 re., 12, 20 o.,u., 37, 38, 44, 46 re. 49 re., 53, 55 re., 64 li.,re., 65 re., 68 li.,re., 71 li.,re., 72 li., 76 li., 78 li.,re., 80 li.,re., 82 li.,re., 83 re., 86, 87 li., 98 li.;
Sammer: Seite 56 li., 92 re., 100 li.,re.;
Seidl: Seite 50 re., 51 li., 81 li.,re., 93;
Stork: Seite 6, 19, 31, 34, 40, 67, 88, 89, 91, 95, 97;
Strauß: Seite 2 li., 36, 46 li 49 li., 55 li., 56 re., 57 li., 58 li.,re., 60 li.,re., 61. 65 li., 69, 73 li.,re., 74 li., 75 li., 77 li., 79, 83 li., 84 li., 85 li., U4;
Teubner: Seite 48 re.

Die Fotos auf dem Umschlag:
Umschlagvorderseite: Kamelienpracht im Wintergarten.
Umschlagseite 2: Zitrusfrüchte, Bougainvilleen und Wollmispel sorgen für ein südländisches Flair.
Umschlagseite 3: Dauerhafter Pflanzenschmuck in den Grundbeeten wird durch Kübelpflanzen harmonisch ergänzt.
Umschlagrückseite: Ein Hauch von duftendem Paradies - blühende und fruchtende Zitronen.

Dank
Fotograf Jürgen Becker und der Verlag bedanken sich bei der Gartenzentrale Hoemann/Langenfeld für die freundliche Unterstützung und Beratung. Den Großteil der Kübelpflanzen und Gefäße stellte die Firma Hoemann für die Fotoaufnahmen zur Verfügung. Dank gilt ferner folgenden Wintergartenbesitzern für ihre freundliche Unterstützung bei den Fotoaufnahmen:
Wintergarten Hoemann/Langenfeld. Architekt: Almuth Harnest/Manuel Rigg (U1, U2, U3, S. 39, 112).
Wintergarten Epping/Münster. Architekt: Willi Walterscheid.
Wintergarten Seidel/Siegen. Architekt: Siegfried Seidel/Siegen.
Wintergarten Weber/Düsseldorf-Unterbach. Planung: Rolf Weber/Düsseldorf.
Wintergarten Ganteführer/Kaiserswerth. Architekt: Klinkhammer/Krefeld.
Wintergarten Orbach/Leichlingen. Architekt: Horst Schmittges/Mönchengladbach.

Wichtige Hinweise

In diesem Buch geht es um die Pflege von Pflanzen im Wintergarten. Einige der beschriebenen Arten sind mehr oder weniger giftig. In den Pflanzenporträts (→ Seiten 44 bis 87) sind giftige Pflanzen mit einem Totenkopf gekennzeichnet, außerdem wird unter dem Stichwort »Warnung« auf die Giftigkeit der Pflanzen hingewiesen. Achten Sie unbedingt darauf, daß Kinder und Haustiere Pflanzen nicht essen. Einige Pflanzen sondern hautreizende Stoffe ab, auch darauf wird unter dem Stichwort »Warnung« bei den jeweiligen Pflanzen hingewiesen. Wer empfindliche Haut hat oder an Kontaktallergien leidet, sollte bei der Berührung dieser Pflanzen unbedingt Handschuhe tragen.
Kommt es beim Umgang mit Erde zu offenen Verletzungen, suchen Sie umgehend einen Arzt auf. Besprechen Sie mit ihm, ob eine Impfung gegen Tetanus (Wundstarrkrampf) erforderlich ist. Alle Dünge- oder Pflanzenschutzmittel, auch die biologischen, müssen unbedingt so aufbewahrt werden, daß sie für Kinder und Haustiere unerreichbar sind. Der Verzehr dieser Mittel kann zu gesundheitlichen Schäden führen. Außerdem dürfen sie nicht in die Augen gelangen.
Manche der Pflanzen sind mit Stacheln oder Dornen bewehrt, dadurch kann es zu Verletzungen kommen. Auch solche Verletzungen im Zweifelsfall vom Arzt versorgen lassen.

© 1993 Gräfe und Unzer Verlag
GmbH, München

Redaktionsleitung: Hans Scherz
Stellvertretende Redaktionsleitung:
Renate Weinberger
Redaktion: Gisela Keil
Lektorat: Elisabeth Bley, Christiane
Gsänger, Renate Schilling
Herstellung: Verena Römer,
Alexander von Ertzdorff
Zeichnungen: Marlene Gemke
Umschlaggestaltung: Heinz Kraxen-
berger
Satz: Typodata
Repro: Czech
Druck: Appl
Bindung: Kraus

ISBN 3-7742-1860-9

Auflage 6. 5. 4. 3. 2.
Jahr   99 98 97 96 95